EXPOSITION UNIVERSELLE DE 1867

A PARIS

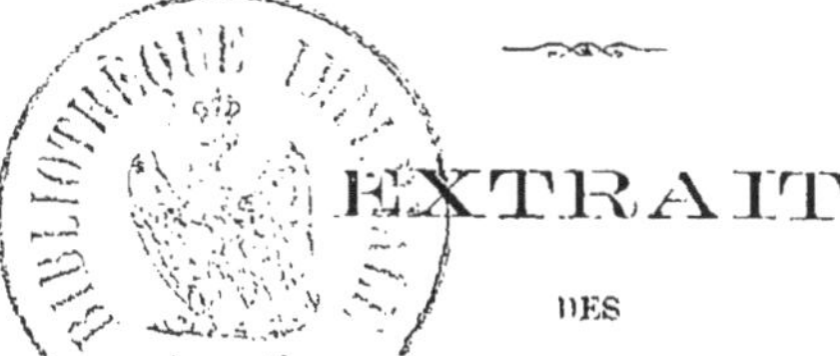

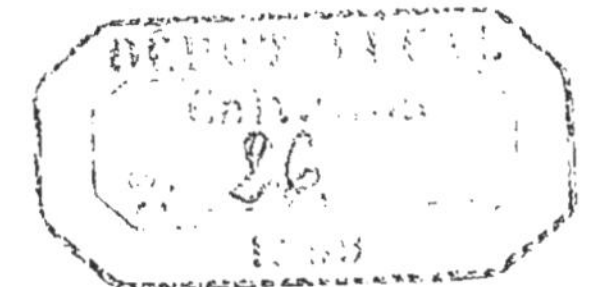

EXTRAIT

DES

RAPPORTS

DU

COMITÉ DÉPARTEMENTAL

DU CALVADOS

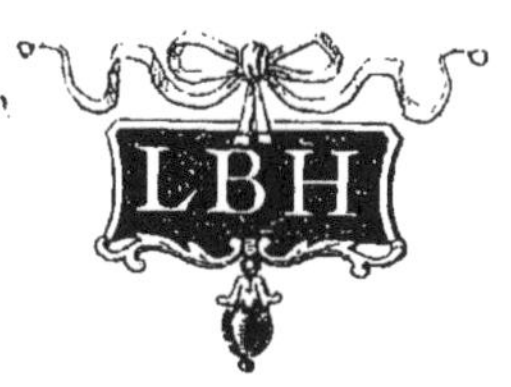

CAEN

IMPRIMERIE DE F. LE BLANC-HARDEL, LIBRAIRE

RUE FROIDE, 2

1869

[illegible] DE 1867

[illegible]RAIT

DES

RAPPORTS

DU

COMITÉ DÉPARTEMENTAL
DU CALVADOS

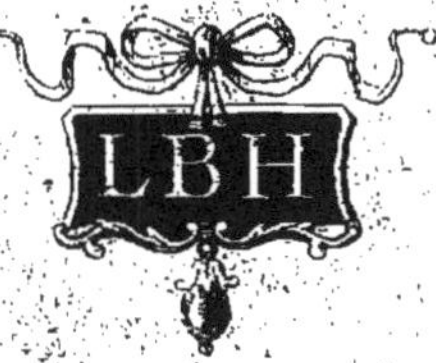

CAEN
IMPRIMERIE DE F. LE BLANC-HARDEL, LIBRAIRE
Rue Froide, 2

—

1869

RAPPORT

DE

Charles LE MOINE

INGÉNIEUR DES ARTS ET MANUFACTURES
FABRICANT DE PAPIER

SOMMAIRE.

1. Papeterie.
2. Papier peint.
3. Imprimerie.
4. Fils et tissus de coton.
5. Fils et tissus de chanvre, lin, etc.
6. Draperie.
7. Dentelles.
8. Machines et appareils de la mécanique générale. — Pièces détachées. — Moteurs hydrauliques. — Transmissions de mouvement. — Câbles hirn.
9. Machines-outils.
10. Bonneterie.

Classes xvii et lix. — *Papeterie.* — La papeterie a fait d'immenses progrès dans ces dernières années.

Les produits exposés par cette industrie, tant dans la section française que dans les sections étrangères, dénotent des procédés de fabrication très-avancés et présentent toutes les qualités que l'on recherche dans le papier : pureté de pâte, bon collage, solidité.

La paille, le sparte, le bois sont venus augmenter le nombre des matières premières déjà utilisées par le fabricant de papier. Des moyens de broyage mieux entendus, des appareils d'épuration mieux compris, ont permis de tirer un meilleur parti du chiffon. Les procédés chimiques de blanchiment sont tellement perfectionnés, que le fabricant peut faire du papier blanc avec telle substance végétale qu'on lui présentera, à la condition que cette substance contienne de la cellulose à un état assez avancé d'agrégation. Fabriquer du papier avec telle ou telle substance végétale n'est plus un problème insoluble, c'est une question de prix de revient.

Autrefois, le papier blanc ne se faisait qu'avec des chiffons de première qualité ; les chiffons communs ne servaient qu'à la fabrication des papiers bulles et bis.

Les bleus servaient exclusivement à la fabrication des papiers bleus.

Aujourd'hui, les chiffons de couleur entrent

dans la composition des pâtes les plus chères. Si l'on compare les prix actuels des diverses sortes de chiffons avec ceux d'il y a vingt ans, on trouvera que si le chiffon fin a doublé de valeur, les chiffons de couleur, les cordes, ont aujourd'hui une valeur quatre fois plus considérable. — Les droguets valaient 2 fr.; on les paie actuellement 12 fr. et plus.

Le traité de commerce qui a ouvert à l'étranger le marché des chiffons français, a fait subir à cette matière une augmentation énorme qui, dans les premières années, s'est élevée de plus de 40 %.

La crainte de manquer de chiffon a poussé les fabricants dans une voie nouvelle ; on a cherché de tous côtés des succédanés. On a essayé successivement la paille, le bois, le sparte, le maïs, le genêt, les racines de luzerne, etc. Jusqu'à présent, deux succédanés sont entrés en France d'une façon industrielle dans la fabrication du papier. Ce sont les pâtes de bois et les pâtes de paille. L'Angleterre qui, par sa marine, se procure facilement le sparte en Espagne et en Afrique, emploie des quantités considérables de ce produit.

Les pâtes de bois peuvent s'obtenir en désagrégeant le bois par des procédés mécaniques ou par des procédés chimiques.

MM. Bachet et Machard traitent à chaud le bois de sapin réduit préalablement en rondelles par de l'acide chlorhydrique étendu d'eau. Ils transforment en glucose d'abord et ensuite en alcool une partie de la substance incrustante des fibres. Le résidu ligneux est lavé, puis écrasé sous une meule en grès, relavé et défilé dans une pile. Ils produisent ainsi une pâte brune qui peut servir à la fabrication des papiers d'emballage.

Cette pâte peut être blanchie au moyen de bains de chlorure de chaux, mais elle subit dans ce blanchiment une perte considérable qui jusqu'ici en a arrêté la production.

M. Henry Vœlter, de Heidenheim, avait exposé une machine à défibrer le bois. Tout le monde a pu voir fonctionner ses appareils pendant toute la durée de l'Exposition à l'annexe du Wurtemberg. Les billes de bois sont sciées en rondins ou bûches de 25 à 30 centimètres de longueur. Elles sont écorcées et fendues, les nœuds et les parties pourries sont enlevés.

La pâte est produite au moyen d'une meule en grès reposant sur un bâti et surmontée de cinq à six boîtes contenant chacune une ou plusieurs bûches qu'une vis sans fin, mise en mouvement par un moyen automatique, presse sur la meule. Le bois s'use, les fibres de grandeur inégale tombent dans une caisse remplie d'eau qui les conduit vers des épurateurs.

Ceux-ci séparent quelques éclats de bois qui sont enlevés et mis à part et les plus grosses fibres qui sont livrées à un système de meules horizontales destinées à les broyer.

Les fibres fines sortant des épurateurs, et celles provenant des meules sont entraînées par un courant d'eau et livrées à des tamis assortisseurs qui ont pour objet de classer les fibres suivant leur degré de finesse.

Une fabrication journalière de 100 kilogr. de pâte supposée sèche exige :

12 chevaux de force ;

200 kilogr. de bois sec ;

2 ouvriers et 1 contre-maître.

La pâte sortant des assortisseurs ne subit aucun blanchiment. Si elle n'est pas transformée en papier dans l'usine même, il faut la presser dans un appareil dit presse-pâte qui lui laisse seulement de 45 à 50 % d'eau. Dans cet état, elle peut être expédiée soit en barils, soit en sacs. Elle est déballée à l'arrivée, mise en tas et arrosée avec de l'eau alunée. Ces arrosages préviennent les moisissures et empêchent les fibres de reprendre trop de cohésion.

La pâte est alors soumise à l'action d'un cylindre ordinaire avec ou sans vapeur et mélangée en proportion plus ou moins considérable avec la pâte de chiffon.

Les bois blancs et surtout le sapin, le tremble et le peuplier sont les plus convenables pour cette fabrication. Il serait à désirer qu'une fabrique s'organisât dans notre département ; elle trouverait certainement le placement avantageux de ses produits.

Les pâtes de bois employées par nos fabricants, viennent de Belgique et de Pontcharra (Isère) et sont chargées de frais de transport considérables. N'ayant pas besoin de vapeur, une usine de ce genre pourrait s'installer sur une chute hydraulique.

La fabrication de la pâte de paille exige au contraire l'emploi de générateurs puissants et ne demande pas beaucoup de force mécanique. Nous résumons ici les procédés suivis dans une de nos grandes papeteries du Nord.

La paille brute est emmagasinée sous des hangars éloignés de l'usine principale, de crainte d'incendie, et là elle est pesée et triée, c'est-à-dire expurgée des fougères et genêts qu'elle renferme ; elle est portée ensuite, au moyen de chariots et d'un petit chemin de fer, à l'usine principale, où elle est livrée au hachoir. A partir de ce moment, elle subit mécaniquement toutes les opérations qui doivent la transformer en pâte, sans que l'ouvrier ait d'autre travail qu'une surveillance attentive à exercer.

Un élévateur à godets monte la paille hachée au premier étage dans un cylindre horizontal en forte tôle. Des ouvertures à trapes pratiquées à ce cylindre permettent de livrer alternativement la paille à deux ou trois appareils de lessivage pouvant en contenir 1,000 kilogr. Chaque lessiveur est semblable à une chaudière ordinaire sans bouilleur ; il est muni d'un agitateur intérieur et peut être chauffé, soit au moyen d'un foyer placé au-dessous, dans les maçonneries sur lesquelles il est scellé, soit par la vapeur sortant d'un lessiveur, dans lequel la cuisson de la paille est terminée.

Lorsqu'un lessiveur est rempli de paille, on y introduit une lessive concentrée contenant de 13 à 14 kilogr. de soude caustique pure anhydre, soit 21 kilogr. de soude caustique anglaise par 100 kilogr. de paille. On ferme l'appareil et on y fait arriver la vapeur sortant d'un lessiveur, comme nous l'avons dit plus haut. On chauffe au moyen du foyer et l'on met en mouvement l'agitateur ; la pression s'élève, et on la maintient à 5 ou 6 atmosphères pendant six heures, après quoi la vapeur est lâchée dans le lessiveur voisin pour commencer une nouvelle opération.

Une soupape de fond évacue la paille réduite à l'état de pâte, fortement colorée en brun, dans l'appareil où doit commencer le lavage. Celui-ci, assez semblable à une pile blanchisseuse, est muni d'un double fond en tôle perforée ; il contient le produit de 1,000 kilogr. de paille, soit une lessivée. Le jus qui s'écoule par le double fond est recueilli avec soin dans un réservoir. On remplit la pile d'eau, on met en mouvement l'agitateur pour bien mélanger la pâte et l'eau. Au bout de quelques minutes, on fait égoutter de nouveau et on recueille les eaux provenant de cet égouttage dans un second réservoir; on recommence ce lavage plusieurs fois, jusqu'à ce que les eaux sortent à peu près claires; celles-ci sont jetées à la rivière.

La pâte, de noire qu'elle était, est devenue gris clair; elle passe ensuite dans une raffineuse continue ou pulpe engine qui achève de la broyer; puis sur un sablier, et elle est remontée par une pompe à des piles blanchisseuses contenant chacune le produit de 1,000 kilogr. de paille, où l'on termine le lavage au moyen de tambours laveurs.

Les eaux noires du premier réservoir sont envoyées au four à revivifier la soude; quant à celles du deuxième réservoir, elles servent à laver l'appareil à cuire et à en faciliter la vidange.

La pâte lavée est soumise dans la pile à un ou plusieurs bains de chlorure de chaux qui sont chauffés en hiver. Il faut pour opérer le blanchiment 12 kilogrammes de chlorure pour 100 kilogrammes de paille.

Après un relavage nécessaire pour enlever les dernières traces de chlore, la pâte entre dans la fabrication du papier ou bien elle est soumise au presse-pâte pour être expédiée au dehors.

Sur 115 kilogrammes de paille de seigle on compte que :

10 kilogrammes sont perdus en déchets de magasin et autres ;

5 kilogrammes, provenant des triages, sont revendus à 60 % de leur valeur primitive.

De sorte que l'on peut dire qu'il faut 112 kilogrammes de paille pour obtenir 100 kilogrammes de paille hachée.

Ces 100 kilogrammes produisent 40 kilogrammes de pâte de papier supposée sèche.

La revivification peut faire retrouver la moitié de la soude employée ; elle s'opère dans un four de l'invention de M. Porion.

Ce four se compose d'un large carnau placé à la suite de fours à réverbère et communiquant à une cheminée d'un grand diamètre. Le liquide noir, provenant du réservoir dont nous avons parlé plus haut, s'écoule dans ce carnau ; des arbres munis de palettes ou cuillers plongent dans le liquide, ils font 3 à 400 tours par minute et projettent le jus en pluie très-divisée jusqu'au sommet du carnau, au travers des gaz chauds provenant des fours et se rendant à la cheminée.

Une évaporation rapide de liquide a lieu et le jus se trouvant assez concentré est conduit aux fours à incinérer. Le liquide devient très-visqueux, la masse ne tarde pas à dégager une énorme quantité de gaz qui entrent eux-mêmes en ignition et qui favorisent d'autant l'incinération des produits.

La matière est extraite des fours alors qu'elle est encore noire, et on laisse la combustion finir de s'opérer à l'air libre. Dans cet état, la refonte du salin est facile : par des lavages méthodiques, on dissout le carbonate de soude qu'il contient. L'addition de chaux dans ces dissolutions transforme de nouveau le carbonate en soude caustique.

Dans le four Porion, établi à la papeterie de MM. Dambricourt, à St-Omer, on évapore 38,250 litres de liquide par 24 heures avec 2,000 kilogrammes de charbon ; soit 19 litres par kilogramme. Ce résultat tient à ce qu'on n'a pas compté le combustible employé à la mise en mouvement des arbres à ailettes et que, d'autre part, la matière organique brûlant sur la sole des fours à incinération produit l'effet d'un véritable combustible ; de plus, ce four reçoit la fumée provenant d'un générateur à vapeur qui consomme 100 kilogrammes de houille à l'heure.

M. Ernest Zuber, rapporteur d'une commission de la Société industrielle de Mulhouse, chargée d'examiner le four Porion, estime qu'en tenant compte de ces diverses causes d'augmentation, chaque kilogramme de houille évapore 13 litres 25 d'eau.

Le four Porion, qui fonctionnait à Billancourt, pendant l'Exposition, évaporait 641 litres d'eau pure avec 46 kilogrammes de coke à gaz; soit 13 litres 93 d'eau par kilogramme de combustible.

La dépense exigée par la régénération varie de 10 à 15 francs par 100 kilogrammes de carbonate de soude produit.

Les eaux provenant du traitement des pailles sont, comme nous l'avons dit, très-colorées; rejetées dans les rivières, elles produisent une mousse très-considérable et très-persistante. Les poissons ne paraissent pas souffrir de la présence dans les eaux des matières alcalines et organiques qu'elles charrient; mais, lorsqu'elles doivent servir à la boisson des hommes ou des animaux, leur apparence et leur goût peuvent éveiller une certaine répugnance.

L'emploi du four Porion atténuera dans une large mesure ces inconvénients et permettra certainement, dans beaucoup de cas, de rejeter dans les rivières des eaux de lavage beaucoup moins alcalines et moins colorées.

MM. E. Breton et Cie viennent de fonder, à Thar, près Granville, une fabrique importante de pâtes de paille qui livre d'excellents produits.

Les chiffons, en définitive, forment la base de la fabrication du papier. Lorsqu'ils ont été lessivés et défilés, ils sont soumis au blanchiment.

Dans quelques usines, on blanchit au chlorure de chaux ; d'autres fabricants, et c'est le plus grand nombre, blanchissent d'abord leurs pâtes au chlore gazeux, dans des caisses en pierres ou en briques enduites de ciment de Portland, et leur donnent ensuite un second blanchiment au chlorure liquide.

Deux procédés sont suivis pour la production du chlore gazeux. Quelques fabricants font agir l'acide chlorhydrique sur le peroxyde de manganèse ; les autres, et c'est le plus grand nombre, produisent le gaz chlore au moyen de l'acide chlorhydrique, qu'ils font réagir sur du chlorure de chaux délayé en pâte épaisse avec de l'eau.

Le premier procédé est certes le plus rationnel, mais le second est si facile à suivre que beaucoup de fabriques l'ont adopté, quoique le mètre cube de gaz, produit par cette méthode, soit plus cher que celui fabriqué au moyen du manganèse.

Plusieurs moyens de revivifier le manganèse ont été proposés. Nous devons signaler celui de MM. Esquiron et Gonin, qui nous a semblé très-intéressant.

Le résidu de la fabrication du chlore est un produit encombrant, composé en grande partie de chlorure de manganèse. Cette liqueur étant neutralisée par du peroxyde de manganèse en excès ou par tout autre moyen, est mélangée à du chlorure de chaux et légèrement chauffée. Tout l'oxygène se porte sur le manganèse et forme du peroxyde hydraté, le chlore se porte sur le calcium et produit du chlorure de calcium qui reste en dissolution tandis que le peroxyde de manganèse se dépose et peut facilement être recueilli par décantation. Un équivalent de chlore gazeux se dégage et peut être employé au blanchiment.

Le peroxyde obtenu est très-facilement attaquable par l'acide chlorhydrique et, d'un autre côté, ce peroxyde étant pur et par conséquent expurgé de carbonates terreux et d'oxydes de métaux étrangers, exige beaucoup moins d'acide pour produire un volume déterminé de chlore.

M. Weldon propose de traiter le chlorure de manganèse par un lait de chaux de manière à former du chlorure de calcium très-soluble et de l'hydrate de protoxyde de manganèse qui se dépose. On décante la dissolution, et le résidu, placé dans de l'eau, est soumis à l'action d'un courant d'air qu'on fait barboter dans le mélange. L'oxygène de l'air se porte sur le protoxyde hydraté, le transforme en sesquioxyde qu'on recueille et que l'on emploie de nouveau à la fabrication du chlore.

Si ces procédés de revivification tiennent tout ce qu'ils promettent, les fabricants auront tout avantage à blanchir au manganèse.

Nous devons aussi signaler les procédés nouveaux de blanchiment de MM. Tessié du Motay et Maréchal, qui peuvent trouver en papeterie une application immédiate.

Leur méthode est basée sur l'emploi des permanganates alcalins. On sait, disent-ils, que les matières colorantes des fils sont de deux natures : les premières cèdent facilement aux agents oxydants et dissolvants dont on se sert ordinairement ; les autres, plus étroitement unies à la cellulose elle-même, ne peuvent être entraînées que, soit par l'oxygène naissant agissant pendant un temps relativement court, soit par l'oxygène de l'atmosphère agissant pendant un temps beaucoup plus considérable. L'emploi des hypochlorites alcalins à haute dose et des alcalis étant souvent nuisible aux fibres elles-mêmes, les inventeurs emploient la méthode suivante :

On commence par opérer le blanchiment dans des lessives alcalines ou dans des dissolutions d'hypochlorites à faible dose, de manière à enlever la plus grande partie des matières facilement solubles. Alors on trempe les fibres ou les étoffes dans un bain composé d'hypermanganate de soude et de sulfate de magnésie. Dans cette opération le sel de soude est décomposé ; l'oxygène naissant et le peroxyde de manganèse produits se fixent sur l'étoffe, tandis que la soude mise en liberté s'empare de l'acide sulfurique du sulfate de magnésie, dont la base se précipite.

Pour se débarrasser du peroxyde de manganèse, il suffit de tremper l'étoffe dans un bain contenant soit de l'acide sulfurique, soit de l'acide chlorhydrique très-étendu.

MM. Tessié du Motay et Maréchal faisaient souvent des expériences à leur exposition, et nous avons vu des pâtes à papier de phormium parfaitement blanchies par ce procédé.

Nous n'avons pu nous procurer de renseignements sur le prix de revient.

Le matériel de la papeterie était assez peu représenté à l'Exposition. Dans la section française, nous avons remarqué la pile exposée par MM. Warall et Poulot, nos habiles constructeurs de machines à papier; — la coupeuse à papier de M. Verny ;—la raffineuse continue de M. Montgolfier; — les platines de MM. Meyer et Cie de Haysersberg ; — l'affleureuse continue Orioli et diverses machines à rogner le papier. Dans les sections étrangères, la grande machine à fabriquer le papier de MM. Dautrebande et Thiry, de Huy, (Belgique), la coupeuse à papier de M. Washer, de Nilvorde, près Bruxelles.

Un des plus grands perfectionnements apportés à la fabrication du papier est dû certainement à l'emploi des lessiveurs rotatifs. Construits d'abord en Angleterre par M. Bryan-Donkin, introduits en France par MM. Firmin Didot et perfectionnés par MM. G. Planche et Rieder, ils ont permis d'abord de tirer un meilleur parti des chiffons entrant dans la fabrication et ensuite de traiter des matières telles que le sparte, la paille, etc., qui, sans eux, n'auraient jamais été employées en papeterie. On les a faits d'abord cylindriques, plus tard on leur a donné une forme sphérique. Dans ces derniers temps, ils ont reçu de grands perfectionnements et nous regrettons de ne point avoir rencontré à l'Exposition le lessiveur de MM. Neyret, Orioli et Frédet. Dans cet appareil, la vapeur, au lieu d'être introduite dans la lessive elle-même, est conduite par un des bouts dans une double enveloppe qui entoure le lessiveur proprement dit. Une danaïde placée à l'autre extrémité dans la double enveloppe relève l'eau de condensation qui peut rentrer immédiatement dans la chaudière à vapeur, à une température voisine de 100°. La lessive agit sur le chiffon sans être diluée par l'eau de condensation; son action est plus énergique, le siphonnage ou retour de la lessive au générateur est complètement évité et de plus ce système, d'après les inventeurs, n'exige que 20 kilogr. de houille pour lessiver 100 kilogr. de chiffon, au lieu de 30 kilogr. nécessaires avec le lessiveur ordinaire.

MM. Warall, Elwell et Poulot avaient eu l'idée d'exposer le matériel complet d'une papeterie, depuis les cylindres broyeurs jusqu'à la machine à imprimer. Nous ne savons ce qui a empêché ces messieurs de réaliser leur projet : l'espace ne manquait cependant pas dans le parc ; a-t-on préféré en faire profiter les bazars juifs et parisiens aux dépens de plus d'une industrie sérieuse. C'est ce que nous ignorons.

La pile exposée par MM. Warall et Cie présente des dispositions excellentes. L'introduction de l'eau de lavage s'y fait par le fond, juste au-dessous du tambour laveur. L'eau lancée en lame mince dans le sens du mouvement de la pâte en facilite le broyage, en évitant les dépôts de matière. Un relevage à vis permet de faire mouvoir l'arbre du cylindre parallèlement à lui-même.

Les platines de MM. Meyer et Cie sont formées de lames d'acier de 2 millimètres d'épaisseur, enchâssées dans un bloc de zinc fondu. Lorsque l'acier vient à user, on enlève au ciseau le zinc qui sert d'entre-lames ; le battage et le raffinage de la pâte sont beaucoup plus réguliers.

MM. Montgolfier avaient exposé un pulpe-engine, appareil qui semble appelé à rendre de grands services pour la trituration des pâtes de paille et de bois. Il fonctionne chez M. Godin, à Huy, et M. Thiry le recommande comme affleureuse.

MM. Bryan-Donkin, de Londres, présentaient un épurateur de pâtes très-bien construit. Il est regrettable que MM. Warall et Poulot n'aient point exposé l'épurateur Ibotson, dont on a tant parlé dans ces derniers temps.

Dans le but d'accroître leur production, les fabricants ont, depuis longtemps déjà, augmenté les largeurs de leur machine. De $1^m,40$ à $1^m,50$ qu'elles avaient en 1840, elles sont arrivées à 2^m, $2^m,25$, $2^m,50$.

La machine exposée par MM. Dautrebande et Thiry, dans la section belge, est de grande largeur ; elle nous a semblé parfaitement construite.

Le réglage de la largeur du papier, qui permet de diminuer ou d'augmenter pendant la marche les largeurs des rognures ; — les guide-toiles et guide-feutres;—les mouvements d'embrayage des feutres et de la sécherie nous ont particulièrement frappé.

La coupeuse transversale qui est à l'extrémité de la machine nous a semblé un peu compliquée; nous lui préférons de beaucoup la coupeuse française de M. Verny.

Cette dernière porte en tête un bâti en fonte, sur lequel on place huit à dix petits dévidoirs chargés de papier sortant de la machine à fabriquer. Le papier provenant de ces dévidoirs est engagé ensemble dans les couteaux circulaires qui débitent la feuille en largeur, et de là entre deux paires de mâchoires ou presses, dont l'une est animée d'un mouvement alternatif horizontal.

La longueur de la course de cette mâchoire est réglée au moyen de boutons glissant dans des coulisses pratiquées sur deux manivelles, et détermine la longueur même de la feuille. Un couteau, mis en mouvement par des excentriques, coupe en travers au moment où la mâchoire ou presse mobile a effectué sa course.

Une seule machine à couper de ce système peut desservir deux machines à papier.

On utilise depuis longtemps déjà les chiffons dits droguets et chaîne coton, dans la fabrication des papiers fins ; à cet effet, on les lessive avec de la chaux ou de la soude. La laine se transforme en une espèce de matière gommeuse qui s'en va aux lavages ; le fil ou le coton reste et est blanchi par les procédés ordinaires.

Il serait bien à désirer que l'on trouvât un moyen industriel de séparer, sous forme de poudre, la laine désagrégée. Elle pourrait alors être recueillie facilement comme engrais au lieu d'être comme aujourd'hui perdue et jetée à la rivière. Les droguets renferment généralement de 60 à 75 % de laine. Le fabricant de papier qui traite par jour 2,000 kilogr. de droguets, perd 12 à 15,000 kilogr. de vieille laine, représentant comme engrais, d'après M. Payen, 48 à 60,000 kilogr. de fumier de ferme.

Quant aux papiers exposés, nous sommes heureux de constater que la papeterie française a su se maintenir au premier rang pour la fabrication de la plupart des sortes. Il suffit de dire que, parmi nos exposants, figuraient la Papeterie du Marais, MM. Bécoulet, Breton frères, de Canson, de Montgolfier ; Blanchet et Kléber, de

Rives; Lacroix, d'Angoulême; Odent, de Courtalin, etc., etc.

Quelques papiers anglais doivent leur supériorité au procédé de collage à la gélatine appliqué dans un grand nombre de fabriques. Un seul fabricant français, M. Outhemin-Chalandre, de Besançon, a adopté ce système de collage.

M. Wœlter avait exposé des papiers très-solides, faits avec des mélanges de pâtes de bois et de chiffon.

MM. Drewsen et fils, de Silkerborg (Danemarck), avaient des papiers fils d'une pureté irréprochable et fabriqués avec une perfection très-grande.

Nous avons vu à l'Exposition beaucoup de papiers contenant des mélanges de pâtes de bois et de paille. Jusqu'à présent, les journaux et les publications à durée tout-à-fait éphémère emploient seuls ces produits. Les ouvrages sérieux sont imprimés sur des papiers de pur chiffon.

Les imprimeurs, le public se plaignent souvent de la mauvaise qualité du papier, du peu de durée des livres. On en fait retomber la faute sur le fabricant de papier. Celui-ci ne peut livrer que le produit qui lui est demandé, et si, pour un ouvrage de fond, l'éditeur ne veut employer qu'un papier bon marché, mais de belle apparence, le fabricant ne peut être responsable des moisissures qui ne tardent pas à se développer et à détruire le volume.

Les papiers les plus solides et les plus curieux de l'Exposition étaient certainement les papiers chinois et japonais : on les prendrait plutôt pour des étoffes que pour du papier, tant ils sont nerveux et glacés.

Les papiers chinois sont faits avec l'écorce et la tige de bambou, et au Japon on se sert de l'écorce d'un arbre, le broussonetia.

Les tiges de bambou, débitées en petits morceaux, sont désagrégées en quelques semaines dans des bains de chaux. Elles sont alors soumises au pilon. La pâte obtenue est chauffée dans une lessive alcaline qui facilite le blanchiment. Le papier est alors fabriqué au moyen de formes en bambou, ayant beaucoup d'analogie avec les formes de nos fabricants de papier à la main.

La feuille séchée à l'air est mise sur des plaques chaudes polies où la dessiccation se complète.

Le papier de broussonetia est très-résistant. Certaines sortes servent à remplacer le verre pour les carreaux de croisées ; on s'en sert aussi pour fabriquer des parapluies très-solides et à très-bon marché.

Le Jury a décerné le grand prix de la papeterie à l'exposition japonaise.

CLASSES XIX ET LIX. — *Papier peint.* — Le papier peint est une industrie toute française qui date seulement des premières années du XVIIe siècle.

Cette industrie a pour but la décoration des habitations en remplaçant, soit les tentures d'étoffes, qu'elle a le plus souvent pour objet d'imiter, soit les peintures à fresque.

Quelquefois le papier peint a reproduit des tableaux ; nous considérons ces reproductions plutôt comme des tours de force qui peuvent montrer l'étendue des ressources dont dispose le fabricant, que comme des produits réellement commerciaux.

Les magnifiques expositions de MM. Zuber, Délicourt, Défossés, Is. Leroy, Polge, etc., en 1855 et en 1862, semblaient annoncer que le papier peint était arrivé à la perfection et qu'il n'y avait rien de plus à demander à cette industrie.

L'Exposition de 1867 nous a montré que nos fabricants sont à la hauteur de leurs devanciers. Choix heureux des dessins, harmonie des couleurs, perfection dans la fabrication, telles sont les qualités qui distinguent leurs produits. Si leurs papiers ne sont pas aujourd'hui plus beaux qu'en 1855 et 1862, ils n'en dénotent pas moins un très-grand progrès en ce sens que, sauf les grands décors, la plupart des compositions que nous avons admirées sont obtenues par des procédés mécaniques et peuvent, par conséquent, être livrées à meilleur marché que les produits similaires fabriqués par les anciens procédés.

Le papier peint n'a été classé comme industrie qu'en 1835, au moment de l'apparition des rouleaux continus fabriqués à la machine à papier. La production était alors estimée à 3 ou 4,000,000 de francs. Le rouleau valait en moyenne 1 fr. 75.

En 1840, parut la première machine à imprimer ; elle produisait des imitations de coutils. En 1844, la production atteignait 8 à 9,000,000 de francs, dont un quart était exporté. La valeur moyenne des rouleaux était descendue à 1 fr.

A cette époque, le papier peint n'avait que peu de concurrence à l'étranger. Le goût qui présidait au choix des dessins, le sentiment artistique qui se retrouve dans toutes les applications de l'art industriel en France, faisaient de nos produits des modèles que l'étranger n'était pas même de force à copier. Aussi cette industrie était-elle en pleine prospérité.

En 1855, on fabriquait en France 24,000,000 de rouleaux au prix moyen de 0, 70 le rouleau.

Peu de fabricants étrangers exposèrent à Paris en 1855. Cependant la fabrication à la mécanique qui, nous l'avons dit, avait été inventée en France et déjà perfectionnée par M. Zuber, prenait de l'extension en Angleterre. Lorsque le traité de commerce de 1860 vint fondre sur l'industrie française, le papier peint se trouva pris au dépourvu. Le beau, le solide, la bonne fabrication, tout fut un instant abandonné. Il n'était, à cette époque, question que de bon marché, et l'on craignit alors de voir tout le marché français envahi par les petits papiers de nos voisins.

Ce ne fut heureusement que l'affaire du moment. On reconnut bientôt que les papiers anglais n'offraient qu'une très-petite variété de dessins d'assez mauvais goût. — En France, on veut avoir une décoration particulière pour chaque appartement, et l'on n'aime généralement point à rencontrer chez le voisin le papier qui tapisse sa propre chambre. En Angleterre, au contraire, il n'est pas rare de trouver toute une maison ayant le même papier.

Afin d'obtenir plus de rapidité dans le séchage, les couleurs des papiers anglais sont épaissies à la gomme. Aussi nos colleurs, qui ont l'habitude d'enduire de colle une certaine quantité de lés, voient-ils les couleurs se reporter d'une feuille sur l'autre, s'étendre sous la brosse et disparaître, tandis que nos papiers, dont la couleur est épaissie à la colle et qui sont cependant séchés très-rapidement, n'ont point cet inconvénient.

Nos fabricants firent de nouveaux efforts et, grâce aux perfectionnements introduits dans les machines à foncer et à imprimer, ils arrivent aujourd'hui à produire à des prix qui leur permettent de soutenir avec succès la concurrence étrangère.

En 1867, nous avons trouvé des papiers peints exposés par la plupart des nations industrielles du globe.

Les exposants français ont été véritablement sacrifiés. Aucune salle ne leur avait été réservée ; on trouvait du papier peint partout, mais au-dessus des vitrines, à 4 ou 5 mètres et même 8 mètres de hauteur. Il était donc impossible d'apprécier la pureté du dessin, le fini de l'exécution, qui constituent la beauté de ces produits.

Le papier de tenture est fait pour être vu à hauteur d'homme dans les appartements, et non de la rue à un premier étage.

Nous ne pouvons donc parler des produits français que d'après les visites faites par nous dans les fabriques ou chez les étalagistes du boulevard.

En somme, l'exposition française était magnifique, et nous serions embarrassés d'indiquer les produits que nous avons le plus admirés ; il faudrait citer tous nos exposants : MM. Is. Leroy, Gillou fils et Thorailler, Zuber, Balin frères, Riottot et Pacon, Daniel, Bezaut, Turquetil et Malzard, etc. Nous avons regretté l'abstention de nos compatriotes MM. Le Flaguais frères : leurs produits auraient soutenu avantageusement la lutte.

Les fabricants étrangers se sont tous, plus ou moins, inspirés de la fabrication française. On sent que tel dessin est l'œuvre de tel artiste français que l'on pourrait presque nommer. Nous avons trouvé des dessins copiés servilement sur les nôtres, et mal copiés. La cause de ces vols tient à ce que nous n'avons pas, en France, de loi qui fasse sérieusement respecter la propriété industrielle, et que dès lors les traités de commerce sont muets à cet égard.

Les fabricants étrangers viennent en effet à Paris acheter des rouleaux chez nos marchands du boulevard et les reproduisent textuellement chez eux. Nous ne pouvons dire que leur fabrication soit en progrès, nous constatons seulement les efforts qu'ils font pour substituer aux produits que nous importons chez eux, la copie de ceux qu'ils viennent nous dérober.

Les Anglais ont adopté un genre qui leur réussit, ce sont les veloutés à plusieurs laines superposées. Ce genre a été depuis longtemps essayé en France. Ils ont aussi une autre spécialité dans les coloris à huit et dix couleurs faits à la mécanique, vendus à bas prix, mais laissant énormément à désirer comme fabrication et comme solidité.

Depuis 1855, les États-Unis ont fabriqué du papier peint ; ils ont emprunté aux Anglais leur impression mécanique, et aux Français leurs dessins et leurs couleurs. Nous leur devons cependant l'étendage mécanique. Leurs fabricants font mal, mais ils sont protégés par des droits qui empêchent l'entrée des produits étrangers.

Notre exportation, dans ce pays, était de

800,000 fr. en 1857; elle est tombée à 68,200 fr.; et cependant, sous le couvert du pavillon anglais, les Américains viennent chercher chez nous leurs matières premières.

L'Allemagne, la Belgique, la Russie, ont un genre de fabrication copié sur nous, et encore leurs fabricants sont-ils mauvais copistes; ils n'ont pas le goût artistique et ne savent point harmoniser les couleurs.

La fabrication du papier peint s'élève aujourd'hui, en France, à 32,000,000 de rouleaux, se vendant de 50 à 55 c., soit 16 à 17,000,000 de fr.

Augmenter le nombre des écoles de dessin, n'admettre dans ces écoles que des modèles d'un goût irréprochable (1), créer des écoles d'art industriel où l'enseignement serait donné par des maîtres spéciaux pour chaque grande industrie, serait le meilleur moyen d'imprimer un nouvel élan à toutes les industries qui dérivent de l'architecture, de la peinture et de la sculpture. Nous pourrions ainsi conserver à la France la prééminence qu'elle a sur toutes les nations rivales.

De toutes parts, nos concurrents entrent dans cette voie; l'Angleterre, en 1851, avait à peine quelques écoles de dessin; elle reconnut tellement son infériorité dans toutes les industries

(1) Nous ne pouvons trop recommander le cours de dessin de MM. Ch. Bargue et Gerome, édité par la maison Goupil et Cie.

artistiques que, sous l'impulsion du prince Albert, on organisa immédiatement, au ministère de l'Instruction publique, une direction spéciale dite *committee of council on education,* chargée de développer le goût des arts du dessin.

Une école normale centrale de dessin pour le royaume entier a été établie à Londres. Créée pour former gratuitement des élèves maîtres, elle en reçoit environ une centaine et admet avec eux à ses cours 350 élèves des deux sexes, moyennant rétribution.

En 1855, on comptait que 29,500 personnes avaient suivi les écoles de dessin. En 1860, ce chiffre s'élevait déjà à plus de 89,000.

Nous ne connaissons pas le chiffre actuel, mais à coup sûr il doit être très-élevé, et cette tendance doit nous préoccuper sérieusement.

Comme nous l'avons déjà dit, la fabrication du papier se faisait autrefois complètement à la main, depuis le fonçage jusqu'à la mise en casiers ou en balles.

Aujourd'hui, toutes les opérations tendent à se faire à la machine.

Dans le nouveau système de fabrication, le papier est livré au fabricant sous forme de bobines ayant la longueur de 100 rouleaux de tenture ordinaires, soit 830 à 860 mètres.—La feuille se déroulant de la bobine passe dans une machine à foncer où elle reçoit une couche de couleur d'un rouleau qui trempe dans un baquet. Une série de brosses rondes animées d'un mouvement rapide égalisent cette couche aussi bien et mieux que le faisait autrefois la main du fonceur. La feuille est ensuite enlevée par la plieuse mécanique et placée par plis sur les baguettes d'un étendoir mobile, qui l'entraîne dans une pièce chauffée par un calorifère. La dessiccation de la couche de fond s'opère, et la feuille sèche vient s'enrouler d'elle-même sur un cylindre en bois que l'on porte au satinage ou à l'impression, suivant que les fonds doivent être satinés ou unis. Ces deux opérations se font aujourd'hui à la mécanique.

Nous avons remarqué dans la section prussienne la fonceuse mécanique et la machine à imprimer, exposées par Hummel, de Berlin. Celle-ci était disposée pour imprimer à 6 couleurs. On fait en France des machines pouvant imprimer 20 couleurs à la fois.—Lorsque le papier est imprimé, il est de nouveau séché, puis coupé à la machine par longueurs de 8 mètres et mis en rouleaux.

Les couleurs d'impression et surtout celles des fonds, sont couvrantes et composées d'eau épaissie avec de la colle de Flandre ou colle de peau, dans laquelle on a incorporé les matières colorantes minérales ou végétales, employées dans cette industrie. Le blanc fixe et le blanc de Meudon sont les plus employés pour les blancs couvrants et pour les couleurs claires. Les verts de Schweinfurt sont remplacés par le vert de chrôme. Les couleurs provenant de l'aniline et de ses dérivés, permettent aujourd'hui au fabricant de reproduire les fleurs les plus éclatantes. Ces couleurs se préparent à l'état de laques, formées par le tannin et la matière colorante primitive. Il est malheureux qu'elles ne résistent pas bien à l'action de la lumière.

Classes VI et LIX. — *Imprimerie.* — Dire que l'imprimerie Impériale avait exposé, dire que nos imprimeurs étaient représentés par les Mame, les Didot, les Claye, les Paul Dupont, les Plon, etc., etc., c'est dire que la victoire était assurée d'avance à l'imprimerie française.

Nous ne nous occuperons donc point des produits de l'imprimerie, mais des perfectionnements apportés depuis quelques années dans le matériel de cette industrie, et des nouveaux procédés de gravure.

Depuis 1855, l'imprimerie a été surtout transformée par l'application de la mécanique et de la galvanoplastie. Les presses mécaniques ont pénétré partout; mues à bras dans les petits établissements, à la vapeur dans les autres.

Les caractères et le matériel mobile ne nous ont présenté rien de bien saillant. Nous sommes heureux de constater que, pour la fonte et la gravure, nos artistes ne redoutent point la concurrence étrangère. Nous avons admiré les vignettes de Derriey et les caractères de nos fondeurs parisiens.

Diminuer autant que possible le matériel de l'imprimerie, augmenter la durée des caractères: tel est le but poursuivi par les inventeurs. On est entré dans cette voie en essayant d'augmenter la durée des types, en déposant du fer par un procédé galvanoplastique sur l'œil des lettres au moyen d'une dissolution de chlorure double de fer et d'ammoniaque.

Le clichage économise l'emploi des caractères; il rend possible le tirage à très-grande vitesse des journaux qui doivent paraître à heure fixe à cent et cent vingt mille exemplaires.

Au fort de la vente du Petit Journal, l'imprimeur Serrière clichait chaque jour vingt-quatre compositions en une heure, et de 4 heures à 6 heures 1/2, il effectuait le tirage entier du journal avec des presses donnant six mille exemplaires à l'heure.

Aujourd'hui, en moins de trois heures, quatre-vingt-neuf ouvriers et neuf machines tirent cent vingt mille feuilles. Il eût fallu il y a trente ans, plus de quinze cents ouvriers et cent soixante presses pour faire la même besogne.

M. Applegath, constructeur anglais, a fait une machine qui peut tirer vingt-cinq mille exemplaires à l'heure, et d'après lui, il n'est pas impossible d'arriver à lui faire tirer le double.

M. Marinoni, en France, cherche à rivaliser avec les Anglais.

Le nettoyage des caractères d'imprimerie, des clichés et des bois se fait au moyen d'essence de térébenthine, de dissolutions de potasse caustique et de lavages à l'eau. Ces lavages en pénétrant dans les pores des bois servant aux illustrations les détériorent et souvent les rendent impropres au tirage.

On préconise pour cet usage l'essence de pétrole. Nous sommes heureux de signaler ici le nom de M. Guérard-Deslauriers, notre compatriote, à qui l'imprimerie est redevable de ce perfectionnement, qui a non-seulement l'avantage de conserver les bois mais qui permet encore de nettoyer sous presse.

L'imprimerie Impériale avait exposé de la musique, gravée au moyen de la pyro-stéréotypie. Ce procédé consiste à faire une matrice au moyen de poinçons en acier chauffés au gaz que l'on enfonce à une profondeur bien régulière dans un morceau de bois de tilleul parfaitement dressé. Les portées et les notes sont ainsi successivement creusées à une profondeur bien égale. Au moyen de métal d'imprimerie fondu, on obtient un cliché qui sert à l'impression.

Depuis quelques années, la galvanoplastie est venue apporter son concours à la gravure et à la typographie, et voici comment M. Boitteau, rapporteur de la Classe VI, apprécie les résultats de ce concours :

« Veut-on, pour graver en creux, une planche d'un cuivre absolument pur et d'une rigidité extrême : la pile produit cette plaque molécule à molécule. A-t-on besoin de convertir un bois gravé en un relief plus durable : on le moule avec de la gutta-percha que l'on métallise et sur laquelle on dépose du cuivre que l'on remplit ensuite de métal en fusion pour obtenir une coquille soudée et bloquée comme une forme de typographie. Est-ce une gravure en creux qu'il faut mettre en relief : un peu d'iode est passé sur la planche modèle pour empêcher l'adhésion, et, dans le bain chimique, sous l'action de la pile, la copie se dépose avec une étrange netteté. Si l'on désire grandir ou diminuer un type, M. A. Martin a fait voir qu'il suffit de le mouler en gélatine, et, la gélatine se gonflant à l'eau, se resserrant à l'alcool, toutes les reproductions désirables sont permises d'une dimension à l'autre.

La typochromie n'eût pas donné ses belles impressions si la galvanoplastie n'eût procuré des clichés d'une justesse d'adaptation ou de repérage sans défaut. Elle regrave en creux, en relief, par une seule opération ou par deux, les cartes sur métal du dépôt de la guerre ; elle grave même directement en supprimant les vapeurs nitreuses par l'emploi du sulfate de cuivre ; elle cuivre ou acière au besoin les zincs en relief employés pour les cartes, l'autographie, la musique. Nous ne parlons pas de l'héliographie, avec ses creux ou ses reliefs, suivant les manières d'opérer, laissant ces merveilles au domaine de la photographie. »

Parmi les nouveaux procédés de gravure, nous signalons d'abord le procédé Gillot ou paniconographie, qui consiste à lever avec l'encre à reporter une épreuve d'un dessin lithographié, autographié ou gravé que l'on transporte sur une plaque de zinc planée et polie. On répand sur cette plaque, avec un blaireau, une très-légère couche de résine en poudre ; on la mordance dans une cuvette en gutta-percha animée d'un mouvement de bascule pour renouveler les surfaces et dans laquelle se trouve un bain d'acide nitrique étendu d'eau. La planche est retirée du bain, chauffée sur un feu doux, de façon à faire fondre lentement la résine qui, mélangée avec l'encre, vient garnir le léger talus des tailles formées par cette première morsure. On encre avec un rouleau de lithographe, on verse une nouvelle couche de résine et la morsure recommence plus énergique et plus prolongée. Après deux ou trois mordançages de plus en plus énergiques, on fixe le cliché sur le bois.

M. Dulos dessine à l'encre lithographique ou reporte une gravure sur une plaque de cuivre argenté. Il dépose à l'aide de la pile une couche de fer sur toutes les parties non encrées. On enlève l'encre au moyen de la benzine. En cet état, les traits sont représentés par l'argent et les blancs par la couche de fer. On verse du mercure sur la plaque qui ne se fixe que sur l'argent ; il se forme un amalgame qui vient en relief au-dessus de la couche de fer dont on prend l'empreinte à la cire ou au plâtre pour obtenir une matrice. Il vaut mieux obtenir galvaniquement une contre épreuve de la plaque même qui sert de matrice, pour fournir un nombre infini de clichés.

Citons aussi le procédé Salmon et Garnier, de Chartres, et enfin la gravure par l'électricité de M. Gaiffe.

M. Gaiffe avait exposé cette année une machine à graver par l'électricité donnant en même temps des réductions d'une planche gravée type. Les tailles de la planche à reproduire sont remplies d'un vernis isolant ou d'huile grasse séchée. La planche elle-même est fixée sur une poupée à une des extrémités de la machine. La planche à graver, recouverte d'un vernis, est fixée sur une autre poupée parallèle à la première et tournant simultanément avec elle. Un courant électrique, libre ou interrompu, suivant qu'une pointe mobile, placée en avant du modèle, passe sur les parties conductrices ou non, reproduit le dessin au moyen d'une pointe traçante sur le vernis de la deuxième plaque. En faisant mordre cette plaque à l'eau-forte, on transforme le dessin en gravure en taille douce. En faisant varier la position de l'axe de rotation du levier qui relie les deux pointes, on peut obtenir toutes les réductions que l'on veut. Il est même possible, en disposant plusieurs pointes le long du levier, d'obtenir à la fois plusieurs réductions différentes du modèle.

La lithographie se fait aujourd'hui à la mécanique, tant qu'il ne s'agit pas d'œuvres d'art. L'économie réalisée par l'application de la machine à la lithographie en couleurs est telle que, un petit plan tiré à cinq couleurs, coûtant 200 fr. le mille à la presse à bras, revient à 40 fr. lithographié à la machine et tiré même plus régulièrement.

On doit aux Américains l'invention de la machine à fondre les caractères d'imprimerie. L'introduction de cet appareil en France date de 1846. Perfectionnées par nos mécaniciens Poirier, Alauzet, Foucher, Laval, les machines à fondre françaises rivalisent avec ce que l'étranger produit de plus parfait. Une petite fonderie mécanique, construite par Foucher, de Paris, fonctionnait à l'exposition de M. Paul Dupont.

Nos constructeurs ont apporté de grands perfectionnements dans la fabrication des presses mécaniques pour imprimerie et lithographie. Paris confectionne à lui seul pour 1,500,000 fr. par an de presses typographiques, dont un tiers est vendu à l'étranger, et la fabrication des presses lithographiques atteint annuellement 200,000 fr. en France. MM. Dutartre, Marinoni,

Huguet, Voirin, Alauzet, avaient exposé de ces dernières presses qui leur ont valu des récompenses bien méritées.

MM. Lecoq et Derriey avaient des numéroteurs très-ingénieux. La numéroteuse Derriey, qui fonctionne à la banque de France, est complètement automatique. Les billets entassés à la droite de la machine sont enlevés un par un, apportés au centre de l'appareil où ils reçoivent l'impression de cinq compteurs automatiques, et déposés ensuite à la gauche de la machine.

La machine à composer Delcambre, qui avait fait tant de bruit à son apparition, n'a pas réalisé ce qu'elle promettait ; nous l'avons revue en 1867, à peu près telle que nous la connaissions en 1855 ; elle ne s'est pas répandue dans les imprimeries.

M. Le Boyer, de Riom, avait exposé des machines à imprimer les cartes de visite sans encre ni foulage. Les cartes blanches déposées en pile dans une boîte en tête de la machine sont entraînées successivement au-dessous d'un papier à report chargé de matières colorantes. Une petite planche typographique placée au-dessus du papier vient presser sur le tout et détermine l'application de la couleur sur la carte à l'endroit des reliefs des caractères. La carte vient se ranger tout imprimée au dehors de la machine. Le papier coloré est animé d'un mouvement très-léger pour que la surface, en contact avec les caractères, soit renouvelée après chaque impression. Cette machine peut tirer plus de 200 exemplaires à la minute. M. Leboyer applique déjà ce système au tirage des têtes de lettres, des circulaires, etc.

MM. Godchaux, dans la grande galerie, avaient exposé la machine qui leur sert à l'impression des cahiers d'écriture pour enfants. Le papier continu enroulé sur une bobine s'imprime des deux côtés par la pression de cylindres en cuivre gravés en creux, et est ensuite coupé par feuilles au moyen d'un couteau transversal dont le mouvement est lié à celui des cylindres.

L'encre dont ils se servent est une teinture qui noircit en se séchant de manière à avoir l'apparence de l'encre à écrire.

M. Flamm parvient, au moyen d'un seul alphabet de types disposés d'une certaine façon, à obtenir telle composition typographique que l'on désire. Il la transporte sur pierre et met ainsi au service du lithographe les ressources de la typographie.

Nous ne pouvons terminer cette revue bien incomplète sans renouveler ici des observations qui ont été faites déjà sous bien des formes.

Le livre sort des presses d'un imprimeur, soumis à de nombreuses mesures préventives. L'imprimeur ne peut, en effet, exercer son industrie qu'après avoir été nommé par l'Administration. Il doit faire une déclaration lors de l'impression d'un livre quelconque ; il est soumis à la surveillance des commissaires de police, qui ont le droit de visiter son atelier à toute heure. Enfin, après l'achèvement de l'ouvrage, il est obligé d'en faire le dépôt à la préfecture. Il semblerait qu'après de telles précautions, la libre circulation du livre dût être assurée. Quel inconvénient y aurait-il à ce que tout marchand pût vendre des livres? Pourquoi des brevets de libraire?

L'Administration avait cru le moment propice pour faire disparaître ces entraves; elle proposait de rendre libre la profession d'imprimeur et celle de libraire. Nous déplorons que nos législateurs en aient jugé autrement, et n'aient pas supprimé au moins les brevets de libraire.

On se plaint des routines agricoles, des préjugés déplorables qui règnent dans nos campagnes. Quel plus rapide moyen de les combattre, de les extirper, que de faciliter l'usage, le goût et la lecture des bons livres?

CLASSES XXVII, LV ET LVI. — *Fils et tissus de coton.*—Condé, Falaise et Flers, que nous pouvons presque revendiquer comme de notre circonscription, représentaient l'industrie du coton de notre département à l'Exposition universelle :

Condé, avec ses filés et ses tissus pour vêtements; Falaise, avec sa bonneterie et ses fils; Flers, avec ses coutils.

Le nombre de broches en mouvement en France s'élève aujourd'hui à 6,800,000.

Dans ce nombre, Condé et Falaise figurent pour près de 300,000 broches produisant 7,500,000 kilog. de fil, d'une valeur d'environ 30,000,000 de francs.

Il y a trente ans, les 60,000 broches alors en activité dans la contrée ne produisaient guère que 1,500,000 kilog. de coton filé.

La plus grande partie de ces fils entre dans la fabrication des tissus de Condé et de Flers et sert à Falaise à la confection de la bonneterie.

Les numéros fins sont exportés dans le Midi et dans l'Alsace.

Cependant les filatures du pays ne peuvent suffire aux besoins des fabricants de tissus, et ceux-ci sont obligés de demander annuellement aux filatures du dehors plus de 6,000,000 de kilog. de fil.

En parlant de la Classe XXXIV, nous signalerons les perfectionnements apportés dans le matériel de la bonneterie.

Matériel de la filature. — On a pu se convaincre à l'Exposition de 1867 que la filature de coton a dû renouveler son matériel depuis 1855.

On peut attribuer deux causes à ce fait :

1° L'adoption générale du métier renvideur Self-Acting.

2° La guerre américaine, qui a forcé le filateur à ne plus compter sur l'emploi presque exclusif du coton des États-Unis.

Le métier automate avait déjà paru aux expositions précédentes; mais la pratique en était restée limitée. Selon M. Mimerel, ce fait provient du peu d'économie que les filateurs français trouvaient dans l'emploi de ce métier. Mais il est possible de contester les chiffres qu'il donne à l'appui de cette raison, et il est plus probable que la difficulté de faire adopter une nouvelle machine à un moment où la situation cotonnière était florissante, a été la cause de ce retard. Aujourd'hui il est constaté que le métier Self-Acting a le double avantage d'employer moins d'ouvriers et d'exiger d'eux moins d'habileté de main.

Dans l'ancien matériel, 1,200 broches de filature formaient de six à trois métiers; quelquefois, mais par exception, on trouvait des Mull-Jennys de moins de 200 broches ou de plus de 400. Six métiers de 200 broches ne pouvaient être conduits par moins de six ouvriers, hommes exercés, qui souvent se faisaient aider chacun par un enfant. Trois métiers de 400 broches demandaient trois ouvriers et trois rattacheurs; soit, d'une façon ou de l'autre, six personnes. Avec le renvideur, deux métiers de 600 broches peuvent facilement être conduits par un fileur aidé de deux rattacheurs, soit trois personnes; c'est donc économie de moitié d'ouvriers. Il s'est même fait des métiers de 1,000 à 1,200 broches, dont une paire pouvait être conduite par un seul fileur, aidé de trois ou quatre rattacheurs : soit 2,400 broches conduites par cinq personnes. La différence est ici encore plus forte. Mais ce grand nombre de broches sur le même métier a d'autres inconvénients qui, jusqu'ici, peuvent empêcher le filateur de dépasser 600 broches.

D'un autre côté, le travail du fileur sur le métier à la main était à la fois pénible et délicat. On trouvait assez difficilement des ouvriers capables de renvider sur des métiers de 400 broches et de renvider surtout des bobines ou canettes d'une forme convenable et d'une fermeté suffisante pour permettre soit un voyage, soit les manipulations du tissage. Avec le Self-Acting, au contraire, le mouvement automatique du renvidage, bien compris et bien surveillé, est une garantie de sa régularité, et les produits de ces métiers arrivent à une netteté de forme et une facilité de devidage qu'obtiennent rarement les bobines ou canettes filées à la main.

La crise qui a été la conséquence de la guerre d'Amérique a également fait modifier les machines de filature. Les cotons des Indes sont entrés aujourd'hui dans la consommation, et la réapparition des cotons américains n'en fera pas cesser l'emploi. L'expérience de deux années est là pour le prouver.

Or, la plupart de ces cotons nous viennent très-chargés de feuillette, d'écaille et de poussière. D'ailleurs leur soie est beaucoup plus courte. Il a donc été nécessaire d'employer, pour les travailler, un battage plus énergique, un cardage plus soigné et enfin des écartements de cylindres moins considérables. Nous allons examiner successivement les changements qu'ont eu à subir les diverses machines de filature pour arriver à ces résultats.

Les opérations de la filature de coton comprennent le battage, le cardage ou le peignage, l'étirage et enfin la torsion. — Nous donnerons sommairement l'emploi de chaque machine avant de parler des perfectionnements qui y ont été apportés récemment.

Le battage a pour objet d'ouvrir le coton, de le débarrasser de toutes ses impuretés et de le préparer à l'action de la carde. On distingue les ouvreuses et les batteuses. Il suffit d'avoir visité une filature anciennement montée pour avoir constaté les conditions peu hygiéniques où se trouvaient les ouvriers employés dans les salles de battage. Un grand perfectionnement y a été apporté par l'emploi d'une ventilation énergique, qui a encore l'avantage d'entraîner au dehors les poussières et les corps légers contenus dans les balles de coton. Il y a longtemps que le ventilateur avait été appliqué aux batteurs; mais les constructeurs se sont attachés, depuis quelque temps, à fermer toute issue au courant d'air chargé de poussière et à ôter ainsi aux ateliers les chances d'insalubrité qu'ils présentaient auparavant. Une autre amélioration consiste dans l'emploi des pédales substituées au double cannelé qui présentait de moins près la nappe de coton à l'action de la batte et rendait l'action de celle-ci moins énergique.

Il est à propos de parler aussi d'un perfectionnement venu à la suite de ce dernier, et qui consiste, au moyen d'un système assez peu compliqué, à faire régler la vitesse de la nappe par son épaisseur même, de façon que le même volume de coton passe toujours dans le même temps. Ces machines sont complétées par un compteur agissant automatiquement pour couper la nappe au bout d'une longueur déterminée. Si nous joignons à tout cela les améliorations apportées dans la forme des dentures d'ouvreuse et dans la disposition des grilles sur lesquelles frotte le coton sous l'action de la batte, nous comprendrons qu'on ait pu réaliser le nettoyage des cotons indiens dont la consommation a longtemps semblé impossible aux filateurs de notre pays, habitués à n'employer que des Louisiane ou Géorgie d'une netteté extrême.

La carde a pour objet de commencer à paralléliser les fibres de coton et d'achever le nettoyage en enlevant les étoiles ou boutons. Cette machine a subi peu de modifications dans son ensemble; mais le détail en a été grandement amélioré. L'étude des constructeurs s'est surtout portée sur les procédés mécaniques à l'aide desquels on peut effectuer le débourrage. Le débourrage des chapeaux a atteint un grand degré de perfectionnement, et les appareils adoptés par les maisons Platt, Higgins, Schlumberger, etc., ont remplacé avec avantage la main de l'ouvrier par la régularité et la précision avec lesquelles ils fonctionnent. L'alimentation par augets, l'adoption des briseurs à dents de scie, le débourrage automatique du gros tambour, l'emploi des peignes à faible course et à grande vitesse, et enfin l'application des pots tournants peuvent être considérés comme ayant amélioré sensiblement cette partie du travail. Ajoutons à cela que les machines bien construites laissent de moins en moins échapper les duvets et poussières qui rendaient les carderies presque aussi insalubres que l'étaient autrefois les salles de batteurs.

De toutes les machines qui constituent une filature, le banc d'étirage est celui qui a subi le moins de changements. Ses organes travailleurs sont restés les mêmes : une série de cylindres cannelés en fer qui ont des développements différents. Il s'y est pourtant fait aussi quelques modifications de détail, entre autres l'emploi des casse-mèches, des pots tournants et des cylindres de pression à cuir indépendant.

La machine appelée rota-frotteur est trop employée en Normandie pour qu'on la puisse passer sous silence; mais depuis qu'elle a été inventée elle n'a guère changé, et l'application des lanternes à tasseuses n'a eu pour effet que de diminuer la proportion de déchet d'apprêt qui résulte toujours de l'emploi de cette machine. La mèche de coton est en effet arrivée alors à un degré de finesse qui l'empêche de se soutenir par elle-même. Le frottement que lui fait subir le rota est souvent insuffisant à lui donner toute la force dont elle aura besoin pour aller se présenter à l'action des organes travailleurs des machines suivantes. Aussi la torsion que lui donne le banc-à-broches est certainement préférable.

Le banc-à-broches, depuis l'application du mouvement différentiel, est resté à peu près le même dans son mécanisme. Les différences de système portent surtout sur le renversement de mouvement du chariot; le modèle Higgins et le modèle Platt qui a été reproduit par beaucoup de constructeurs, sont les plus fréquemment employés. Il faut ajouter que, par le moyen des grands collets, des ailettes équilibrées, des palettes à compression et de différents autres détails, on est arrivé, en donnant de grandes vitesses aux broches, à augmenter de beaucoup la production de ces machines.

Reste à parler du métier Mull-Jenny renvideur. Quand une industrie, comme la filature de coton, a subi une transformation semblable à celle qui a dû résulter de l'adoption du Self-Acting, on doit s'attendre à ce que, pendant longtemps, l'attention des constructeurs se portera plutôt sur les perfectionnements que sur les innovations.

C'est, en effet, ce qui a eu lieu, et l'on peut reconnaître que les progrès ont été rapides et nombreux. La têtière du métier automate s'est simplifiée, les chariots se sont consolidés, les broches ont pu tourner à de grandes vitesses, enfin des régulateurs ingénieux ont été ajoutés, diminuant encore la responsabilité de l'ouvrier. Un autre changement s'est fait, qui a consisté dans l'emploi de cannelés d'un plus petit diamètre pour permettre l'emploi des laines courtes. Les cannelés des métiers à la main et des premiers renvideurs avaient jusqu'à 25, 27 et 30 millimètres de diamètre. Beaucoup de filatures ne demandent plus aujourd'hui que 23, 22, 20 et même 19 millimètres. On peut considérer cela comme un perfectionnement, si l'on réfléchit qu'on est ainsi en mesure de travailler des lainages qui jadis effrayaient le filateur.

Est-il permis maintenant, après avoir constaté les progrès acquis, de prévoir quels sont les perfectionnements à obtenir encore ? Les inventeurs travaillent toujours et l'on peut admettre que le batteur et la carde subiront de nouvelles transformations. La peigneuse s'emploiera peut-être pour les gros numéros filés dans notre pays. Et peut-être encore le renvideur sera-t-il détrôné par le métier à filer continu, quand celui-ci saura filer à faible torsion, et renvider en bobines ou canettes. Il s'est déjà fait dans ce but des essais couronnés d'un certain succès, et il serait mal à propos de décourager les chercheurs. Le renvideur, quel que soit le degré de perfectionnement où il est arrivé, a de grands inconvénients: l'emplacement qu'il exige, le travail intermittent et même le répartissement défectueux de sa torsion.

Il n'est donc point absurde de prévoir une nouvelle révolution dans le travail de la filature, et peut-être arriverons-nous un jour à traiter nos renvideurs comme nous traitons déjà nos anciens métiers à la main, qui nous ont rendu tant de services et que nous n'appelons plus dédaigneusement que les *vieux métiers*.

Matériel du tissage. — Les appareils préparatoires du tissage comprennent les ourdissoirs, les machines à encoller ou à parer la chaîne et les cannetières.

Depuis longtemps l'ourdissage se fait à la mécanique. Le perfectionnement le plus important apporté à l'ourdissoir mécanique consiste dans l'application d'un casse-fil qui débraye instantanément l'appareil aussitôt qu'un fil de la chaîne vient à se briser.

En Angleterre, les encolleuses à tambour sécheur ont été substituées aux pareuses à brosses et à ventilateur. Une seule de ces machines fait l'ouvrage de six des anciennes. On reproche à ces appareils de faire adhérer les fils entre eux. Cet inconvénient tient, dit-on, à la manière dont on prépare la colle qui sert de parage et qui, pour ces machines, doit être beaucoup plus cuite que pour les pareuses à brosse.

Augmentation de la vitesse du tissage jusqu'à permettre de pousser 300 duites à la minute pour des largeurs de 0,60 à 0,70 ; application du casse-trame au remplacement de la navette vide par une pleine : tels sont les principaux perfectionnements à signaler dans les métiers à tisser mécaniques.

Les métiers anglais de Robert Hall, de Bury, nous ont surtout frappé par leur solidité et leur bonne construction. Il paraît que l'on vient d'inventer en France un métier à tisser automatique qui s'arrête lorsqu'un fil quelconque de la chaîne ou lorsque la trame vient à se rompre. Nous manquons de renseignements sur cet appareil, dont nous devons cependant signaler l'existence.

Produits exposés. — M. Leguay-Lebaillif, de Falaise, avait exposé des fils d'une qualité réellement supérieure. La beauté, la finesse, la régularité de ses produits ont été unanimement appréciées.

M. Le Pelletier-Loysel, de Condé, avait réuni dans sa vitrine des échantillons de tous les produits de sa filature employés par la fabrique de Flers et de Condé : déchets du n° 6 au n° 12; trame de l'Inde des n°s 4 à 20 ; chaîne continue dans les n°s 16, 18, 20, 22, 24 et 26; retors écrus, de

24 à 40 ; retors bleus, moulinets pour fort-en-diable, etc., etc. Son exposition présentait un ensemble complet et d'une excellente fabrication.

M. Armand Boisne, de Condé, exposait des cotons en bobines et devidés pour trames, du nº 12 au nº 36, c'est-à-dire mesurant 24 à 72 kilomètres par kilogramme; des cotons de l'Inde pour trames, du nº 8 au nº 22; des chaînes continues, du nº 14 au nº 26. Tous ces fils étaient parfaitement apprêtés. On voyait qu'ils sortaient d'une filature dont le matériel possède les derniers perfectionnements.

MM. Collin et Lecherpy filent des trames en coton d'Amérique, de l'Inde, du Levant, depuis le nº 6 jusqu'au nº 18. Les cotons d'Amérique dévidés sont vendus à Flers ; les autres sortes, en bobines, sont employées à Falaise pour la bonneterie; leur exposition était remarquable.

Les filés de M. D. Jariel, de Falaise, ont aussi été très-appréciés.

Condé, nous l'avons déjà dit, à côté de ses filatures de coton, possède de nombreux établissements de teinture, de blanchiment et de tissage. Une centaine de fabricants produisent des tissus de toutes sortes destinés à l'habillement: tels que toiles de coton, croisés bleus, toiles rayées, fantaisies pour pantalons et pour chemises, etc. On peut compter qu'il y a dans sa circonscription 8,000 métiers produisant annuellement 3,000,000 de kilogrammes de tissus d'une valeur de 18,000,000 de fr.

Le tissage se fait en majeure partie par des ouvriers disséminés dans la campagne. De là un bien-être général répandu sur la banlieue de la ville ; mais de là aussi un ralentissement forcé de la production à certaines époques de l'année ; aussi s'est-il déjà établi à Condé même cinq grands tissages mécaniques.

Quatre maisons de Condé avaient exposé collectivement dans la Classe XCI :

MM. Auger-Germain,
Malhère (Eugène),
Fauvel-Lehugeur et Germain,
Pierre Levain et Cie.

Leur vitrine était remarquable par la qualité et le bon marché des produits qu'elle contenait ; elle présentait une collection complète de tous les articles Condéens :

	Fr.	Fr.	
Croisés en bleu clair et foncé.	de 1, »	à 2, »	le m.
Rayés chaîne double	de 1, »	à 2,25	d°
Grisette coton	de 0,70	à 1,20	d°
D° fil et coton	de 0,85	à 1,40	d°
Fort-en-diable	de 0,85	à 1,90	d°
Fantaisie pour pantalons . .	de 1, »	à 1,75	d°
Toiles coton	de 0,80	à 3, »	d°
Fantaisie pour chemises . .	de 1, »	à 2, »	d°

Cette exposition a été récompensée par une médaille d'argent.

Classes xxviii, lv, lvi. — Le lin et le chanvre, les textiles par excellence, entrent dans la confection de tous les tissus qui ont besoin de solidité. L'industrie linière appartient à l'agriculture et à la mécanique, et à ces divers points de vue elle est du plus grand intérêt.

Pour être amenés à l'état de filasse, le lin comme le chanvre doivent subir une série d'opérations connues sous le nom de rouissage et de teillage. Le rouissage en rivière est celui qui jusqu'à présent a donné les meilleurs résultats. On a tenté depuis longtemps de rouir à la mécanique les chanvres traités préalablement par des alcalis et la vapeur. Ces procédés ont toujours laissé beaucoup à désirer sous le rapport de la solidité de la matière.

Depuis Philippe de Girard, les métiers à filer ont reçu de grands perfectionnements qui permettent d'obtenir les fils les plus fins alliant la régularité à la solidité. Nous devons signaler l'importance de plus en plus grande que prennent les fils de jute dans la fabrication des tissus communs: sacs, bâches, etc., etc. Le chiffre des importations de ces textiles était de 5,000,000 en 1861; il s'élevait à plus de 9,000,000 de francs en 1865. On fonde les plus grandes espérances sur l'emploi du *china-grass,* dont le traitement n'est encore, il faut le dire, qu'à l'état d'essai.

Parmi les autres plantes textiles, citons l'aloès, l'agave, le phormium tenax, qui figuraient à l'état de tissus plus ou moins communs à l'Exposition.

Lisieux représentait notre département. La production de l'industrie linière, dont cette ville est le chef-lieu commercial, peut être évaluée à 70,000 pièces environ de toiles dites cretonnes, d'une longueur moyenne de 110 mètres, d'une valeur de 180 fr. par toile, soit 12,600,000 fr. La largeur varie depuis $0^{m},80$ jusqu'à $2^{m},40$ en toutes espèces de comptes.

Les toiles cretonnes font d'excellentes toiles de ménage; elles sont réputées par leur bonne fabrication; la solidité n'est jamais sacrifiée à l'apparence; cependant depuis 1860 la fabrique n'a pris que peu ou pas d'extension; la concurrence belge et anglaise arrête tout essor, surtout dans les toiles fines.

Lisieux possède cependant des filatures de lin aussi bien montées que possible; il s'est formé, en outre, depuis quelques années, de nouveaux tissages mécaniques qui portent le nombre des métiers existants à 700 environ. La moitié ou près de la moitié de la production toilière est tissée à la mécanique, le reste est fabriqué par des manufacturiers qui ont leurs ouvriers tisseurs répartis dans les campagnes de l'arrondissement de Lisieux, et par extension dans les communes des départements de l'Eure et de l'Orne, limitrophes de l'arrondissement; et comme le travail se fait à bon marché par ces ouvriers agricotisseurs, le tissage à la main peut soutenir, sans trop de désavantage, la concurrence du tissage mécanique.

Quatre maisons de Lisieux figuraient dans la classe XXVIII.

La maison Fournet, la plus importante de l'arrondissement, présentait une collection de toiles provenant de son tissage mécanique et de sa filature de lin qui lui a valu une médaille d'argent.

MM. Méry-Samson et Rattray, filateurs à St-Germain-de-Livet près Lisieux, et MM. Lambert frères et Cie, filateurs, à St-Jacques de Lisieux, avaient exposé d'excellents produits en fil de lin et étoupe provenant de leurs importantes filatures.

MM. P. Marie et Cie, qui venaient de monter un tissage mécanique, ont inauguré leurs débuts par une brillante collection de toiles.

M. Levallois, de Vire, avait, dans la classe XCI, un assortiment complet de linge de toiles ouvrées et damassées d'une très-belle qualité, relativement aux prix cotés.

Classes XXX, LV, LVI.— La fabrication du drap est très-importante dans le Calvados. C'est la principale industrie de deux de nos chefs-lieux d'arrondissement. Vire fait pour 7 à 8,000,000 de francs de draperie de tous genres, depuis les draps communs à 5 et 6 fr. le mètre, jusqu'à la haute nouveauté. Lisieux fabrique plutôt des draps de 5 à 8 fr. ; un quart de sa fabrication atteint les prix de 8 à 12 fr. Son chiffre de production annuelle peut être évalué à 25,000,000 de francs environ.

La laine en suint subit pour sa transformation en drap une suite d'opérations que l'on peut diviser en quatre grandes catégories :

1° Triage et dessuintage de la laine ;

2° Cardage et filature ;

3° Tissage ;

4° Apprêts.

Comme dans les autres industries, les machines tendent à remplacer dans la fabrication du drap la main de l'homme partout où cela est possible. Le triage ne peut cependant se faire qu'à la main.

Le lavage ou dégraissage se faisait autrefois dans des paniers en cuivre percés de trous, placés en travers d'un cours d'eau et dans lequel l'ouvrier, armé d'un bâton, agitait la laine. Il se fait aujourd'hui dans des laveuses mécaniques.

Une des plus répandues est celle de Peltzer. Elle se compose d'un panier ou cuve elliptique dont le fond et les côtés sont percés de trous et que l'on fait plonger plus ou moins dans un cours d'eau. La laine est jetée à la main dans le panier, où elle est agitée et ouverte par un arbre garni de palettes courbes. L'eau propre introduite par un des côtés de la cuve sort chargée de suint et d'impuretés par le côté opposé, après avoir été battue avec la laine.

M. Plantrou se sert d'air comprimé pour remplacer le choc des bâtons à laver. Les laines grasses sont placées dans une caisse garnie d'un double-fond en cuivre percé d'un grand nombre de trous sur la moitié de sa largeur, un courant d'eau arrive dans la caisse; une machine soufflante lance de l'air dans le double-fond. Cet air traverse toute la masse d'eau et de laine, et imprime à celle-ci un mouvement rapide qui opère le dessuintage. Cette machine peut laver par cuve et par jour 250 kilog. de laine. Une machine soufflante peut desservir plusieurs cuves. Chaque cuve nécessite 2 litres 1/2 à 3 litres d'eau par seconde.

La dégraisseuse automatique de M. Chaudet, de Rouen, se compose d'un bac en tôle plein d'eau, maintenue chaude au moyen d'un jet de vapeur. La laine est déposée sur une toile sans fin, garnie de tasseaux en bois qui l'entraînent dans le bain. Huit fourches mues par des excentriques lui font traverser toute la longueur du bac. Enlevée du bain par une fourchette à mouvement circulaire, elle est déposée sur un tablier sans fin qui l'emmène sous des rouleaux de compression ; ceux-ci expriment l'eau dont elle est imprégnée et qui retombe dans le bac. La laine tombe dans un deuxième bac, identique au premier, où elle subit un nouveau lavage, et de là dans une troisième caisse ou bac semblable aux deux premiers. En sortant de là, elle est complètement dégraissée.

Un assortiment de trois bacs superposés avec tuyaux de communication, nécessite trois hommes, six chevaux de force motrice, et peut dégraisser 600 kilog. de suint à l'heure.

MM. Pierrard Parpaite, de Reims, Houget et Teston, de Verviers, John Petrie, de Rochdale, avaient aussi exposé des machines à laver la laine.

Si ces appareils lavaient méthodiquement, si l'eau suivait une marche inverse de celle de la laine, on pourrait arriver à dessuinter avec une petite quantité d'eau et à avoir, en définitive, des eaux excessivement chargées de matières grasses.

Depuis longtemps déjà, MM. Maumenet et Rogelet, de Reims, évaporent les eaux de suint. Le produit solide obtenu est calciné dans des cornues; il se dégage une masse énorme d'ammoniaque et de gaz propre à l'éclairage; il reste un résidu charbonneux d'où l'on sépare par lexivation une matière saline. Cette dissolution, à la suite d'évaporations et de cristallisations, produit un carbonate de potasse raffiné représentant les 45/100 du poids de l'extrait sec décomposé par la chaleur.

Le four Porion pourrait être appliqué à ces évaporations.

Cette fabrication s'est établie aussi à Elbeuf.

M. Châtel-Touyon, de Vire, avait exposé à Billancourt un panier laveur; mais nous ne l'avons pas vu fonctionner.

Les hydro-extracteurs étaient nombreux au Champ-de-Mars. Nous devons citer surtout celui de MM. Buffaud frères, de Lyon. Cette essoreuse porte avec elle son moteur : c'est un petit cylindre de machine à vapeur fixé contre la cuve qui communique le mouvement à l'axe vertical du panier mobile, au moyen de coins à friction. Des dispositions particulières permettent de réaliser les avantages suivants :

Débrayage instantané ; — marche sans bruit ; — arrêt immédiat.

Cet appareil sert au séchage des soies, de la laine, du linge, etc., etc. Un de ces hydro-extracteurs, placé à la Salpêtrière, à Paris, essore 4,500 kilogr. de linge par jour.

L'application du moteur adhérent a l'inconvénient de nécessiter une conduite de vapeur, mais elle a l'avantage de supprimer toutes les transmissions intermédiaires avec leurs arbres, poulies et courroies ; elle permet aussi de placer la machine dans un endroit isolé.

MM. Buffaud construisent aussi des essoreuses sans moteur adhérent. Les tambours de ces machines contiennent de 10 à 40 kilogr. de laine, et peuvent, d'après ces messieurs, faire douze opérations à l'heure. La quantité d'eau extraite varie, suivant la vitesse imprimée et la nature des matières, de 70 à 90 %.

Nous signalons, en passant, la sécherie qui fonctionnait dans l'annexe de M. Chaudet. Elle se compose d'une caisse, dont le fond ou tablier est garni en toile métallique. La laine sortant de l'essoreuse est jetée dans cette caisse ; un aspirateur à hélice, animé d'une grande vitesse, fait le vide sous la toile. De l'air chauffé, par foyer direct ou à la vapeur, est lancé dans l'appartement de la sécherie ; aspiré par l'hélice, il traverse la masse de laine, dont il opère le séchage dans un très-bref délai.

Avec une hélice de 1m,20 de diamètre et un tablier de 50 mètres carrés, on peut sécher par heure 100 kilogr. de laine contenant 30 % d'eau, l'air étant à 35 ou 40°. Ce séchage a l'inconvénient d'exiger pour la manœuvre du ventilateur une force motrice assez importante.

Le séchoir à tiroirs de MM. Demeuse, Houget et Cie, d'Aix-la-Chapelle, basé sur un principe analogue, économise et la force et l'espace.

Les laines de l'Amérique du sud ont besoin d'être échardonnées avant d'entrer dans la fabrication. Nous avons vu à l'Exposition des égrateronneuses de beaucoup de constructeurs. Celles de MM. Houget et Teston, Martin, de Verviers; celles de MM. Mercier, Malteau, d'Elbeuf, et les machines anglaises de Sykes sont les plus répandues. Ouvrir la laine sans la déchirer, extraire le grateron entier sans le briser : telles sont les qualités que doit présenter une bonne échardonneuse et que l'on trouve réunies dans les appareils Houget.

L'ensimage se fait mécaniquement.

Les cardes, en dehors de leur construction, qui est de plus en plus soignée, ne nous ont rien montré de bien saillant.

Les brisoirs sont garnis de cylindres égrateronneurs. Les assortiments exposés par MM. Mercier et Houget étaient munis de l'appareil d'alimentation Apperley.

Cet appareil réunit en une espèce de cordon la nappe qui sort du brisoir et étale ensuite diagonalement ce cordon de façon à former une nappe en avant de la repasseuse. Un deuxième appareil identique au premier se place entre la repasseuse et la finisseuse. L'alimentation des cardes est ainsi rendue plus régulière et le fil obtenu est beaucoup plus homogène.

Nous avons retrouvé à l'Exposition la machine Vouillon, qui produit des fils feutrés; nous devons dire que, malgré tous les éloges qui lui ont été prodigués à son apparition, cette invention est loin d'avoir tenu ce qu'elle promettait.

Les métiers Mull-Jenny ont vieilli. Ils sont remplacés par les métiers renvideurs et la filature continue-Vimont. Ces deux appareils datent à peu près de la même époque. Pour les comparer entre eux, plusieurs points sont à considérer : l'emplacement qu'ils occupent, la force motrice qu'ils emploient, la quantité et la qualité des fils qu'ils produisent.

Beaucoup de constructeurs avaient exposé des renvideurs, parmi lesquels nous citerons :

MM. Platt d'Oldham,
Mercier, de Louviers,
Flécheux, de Rouen.

Tous ces métiers reposent sur le même principe. Ce sont des Mull-Jenny automatiques dans lesquels le renvidage est opéré par la machine elle-même. Ils présentent évidemment un grand avantage sur les métiers ordinaires. Le fileur n'est plus obligé de repousser son chariot pour opérer le déclanchage. Il suit le mouvement du chariot et a toute liberté pour rattacher les fils cassés.

Un renvideur de 400 broches occupe une surface de $21^{m},50$ sur $3^{m},50$, soit 75^{m} carrés, nécessite une force de 1 cheval 1/2 et produit de 50 à 60 kilog. en fil n° 16 par journée de 12 heures.

Les fils produits par ces métiers présentent, quoique à un moindre degré, les mêmes défauts que ceux obtenus sur le Mull-Jenny : irrégularité de tirage et de torsion, altération du fil au point de chaque aiguillée qui se trouve en contact avec le bout de la broche, par suite du frottement qu'il éprouve à cet endroit.

Le métier continu-Vimont (de Vire) est basé sur le principe suivant : le boudin sortant du rouleau placé en tête des broches passe entre des cylindres alimentaires, dans un tube tordeur et des cylindres étireurs. Entre le tube et les alimentaires, tourne un arbre portant une série de petits volants triangulaires ; ces volants sont à frottement doux et peuvent être arrêtés individuellement à la main pour permettre le rattachage d'un fil pendant que les autres sont entraînés par la rotation de l'arbre. Chaque fois que l'ailette vient relever le boudin, elle interrompt la torsion tout en facilitant l'étirage. En sortant des cylindres étireurs, le fil est tordu et enroulé sur la bobine de la broche.

Les broches sont indépendantes, et les bobines à base et à tête coniques bâties par couches horizontales, superposées de bas en haut, s'enlèvent individuellement et à volonté sans qu'il soit besoin d'arrêter le métier. La machine produit également bien des fils pour chaîne et pour trame, et les bobines de trames peuvent être mises directement dans la navette du tisserand en sortant des broches du métier.

Les métiers sont doubles, c'est-à-dire qu'ils

portent sur chaque face longitudinale une rangée de broches.

M. Alcan apprécie ainsi, dans son *Traité du travail des laines*, la qualité du fil produit par le continu :

« Le fil ne flotte pas sur le continu comme sur « le Mull-Jenny, et n'est plus abandonné à lui-« même sur une longueur considérable repré-« sentée par l'étendue de l'aiguillée. Les fibres « étirées sont immédiatement assemblées par « l'organe de torsion : de là une plus grande ré-« gularité dans la confection du fil, qui se rap-« proche davantage du cylindre parfait. »

Le fil du continu a effectivement une solidité plus considérable que celui du renvideur. Le boudin provenant d'une laine de Buénos-Ayres, a été filé en n° 21 sur un Mull-Jenny et sur un continu. Il a reçu la même torsion sur les deux machines. Le premier s'est rompu sous un effort de 138 grammes ; il a fallu 155 grammes pour rompre le deuxième, et encore le premier n'avait-il été obtenu qu'au moyen d'un surfilage.

Du blanc Buénos-Ayres filé au continu à 16,200^{m} supporte en moyenne 220 gr. ; filé à 11,700^{m}, 270 gr.

Un métier double de 200 broches nécessite une longueur de 20^{m},60 sur 1^{m},40 de largeur, occupe donc une surface de 28^{m},84 et consomme 1 cheval de force.

Quant à la production, il est évident qu'à vitesse égale, les broches du continu doivent produire plus que celles du renvideur, puisque le temps du renvidage est perdu pour la torsion, et que le mouvement de chaque broche étant indépendant, il n'y a pas besoin d'arrêter 400 broches pour faire l'échange de la bobine d'une seule.

En n° 16, et pour une torsion de 720 tours au mètre courant, chaque broche produit, à une vitesse de 4,500 tours, 280 grammes de fil par 12 heures, soit environ 100 kilog. par 400 broches, en comptant sur les temps d'arrêt.

Nous avons vu filer sans briser sur ce métier, à l'Exposition, des laines de très-mauvaise qualité que MM. Platt, Mercier et Flécheux refusaient de travailler sur leurs machines.

En résumé, le continu l'emporte sur son concurrent. Aussi se répand-il de plus en plus dans les ateliers.

Comme toute invention de mérite, il a eu le fâcheux honneur de la contrefaçon. Les Anglais n'avaient pas craint de le vendre en Allemagne, et même en France, comme une conception britannique. Justice de ces prétentions a été faite en France, et nous avons sous les yeux une brochure allemande, dans laquelle l'auteur, Frédéric Kick, reconnaît s'être trompé en attribuant à M. Sykes l'invention du métier continu. M. Vimont, dit-il, est l'inventeur ; Sykes n'est que le contrefacteur.

Il serait bien à désirer que tous les anciens

titrages des fils disparussent devant le titrage seul rationnel, désignant par un numéro le nombre de kilomètres au kilogramme.

Toutes les mesures de poids et de longueur basées sur le système décimal rendent les calculs, les transactions beaucoup plus faciles. Pourquoi les fabricants de Sedan, Elbeuf, Lisieux, Vire, n'adoptent-ils pas le titrage de Reims ? Pourquoi des livres de compte des quarts, etc., etc.

L'ourdissage, l'encollage, le tramage et le tissage, qui se faisaient naguères à la main, se font maintenant au moyen de machines.

Les canettes sortant des métiers à filer sont dévidées sur une machine dite *bobineuse*. Les fils provenant de cinquante canettes et qui sont mesurés au moyen de compteurs sont réunis sur un rouleau.

Ces rouleaux sont placés en nombre plus ou moins grand, suivant le nombre des fils dont doit se composer la chaîne, sur la cantre ou étagère placée en tête de l'appareil à encoller, dit ourdissoir encolleur mécanique. Les fils provenant des rouleaux passent dans un bain de colle animale chauffée à la vapeur, puis entre deux cylindres en fonte garnis de feutres qui enlèvent l'excédant de colle. Ils s'engagent ensuite dans une caisse fermée chauffée par un serpentin, ou sur un cylindre sécheur.

En sortant de la caisse, ils traversent un peigne pareur en cuivre qui sert à diviser les fils un par un et à former l'envergure nécessaire au nouage de la chaîne, et s'enroulent enfin sur un tambour muni lui-même d'un compteur.

La chaîne est déroulée ensuite sur l'ensouple qui doit être portée aux métiers mécaniques à tisser. Un appareil de ce genre ourdit et sèche 40 à 50 mètres de chaîne à l'heure.

Bien des métiers mécaniques à tisser fonctionnaient à l'Exposition : aucun ne nous a paru supérieur au métier saxon de L. Schoeneer, de Chemnitz.

On fait de ces métiers pour draps lisses, pour nouveautés à la marche, pour nouveautés à armures et à plusieurs navettes.

Il prend peu de force, 1/6 à 1/8 de cheval. Un métier armure à plusieurs navettes que nous avons vu fonctionner pouvait fournir 2,000 duites à l'heure. Le lancement de la navette, le mouvement des engrenages sont si doux que les fils n'éprouvent aucune secousse. Le bris d'un fil, l'arrêt de la navette dans sa course, font dégréner immédiatement la machine. Lorsque les lames baissent, le rouleau porte-fil se recule automatiquement de façon à maintenir toujours les fils à la même tension.

Il n'entre pas de bois dans sa construction et, sauf les lisses, il est tout en fer, fonte, cuivre et acier. Les métiers à armure ordinaire ont 3 à 4 mètres de haut. Le métier saxon a à peine $1^{m},80$; il peut être mis dans tous les ateliers. Les cartons du Jacquard sont remplacés par des planchettes en bois sur lesquelles on visse des pitons aux endroits convenables pour produire tel ou tel dessin, tel ou tel tissu. Point ou peu de réparations, de l'avis de fabricants distingués. C'est le meilleur outil que l'on ait pour le tissage du drap.

MM. Lacroix, de Rouen, Mercier, de Louviers, avaient exposé des métiers qui sont renommés dans l'industrie.

Les fouleuses, laineries, tondeuses, figuraient en grand nombre au Champ-de-Mars. Citons la fouleuse Houget et Teston, et celle de Leclerc, de Sedan;

Les laineries de Moser, d'Aix-la-Chapelle; celles de Thomas, de Berlin; celles de Houget et Teston, toutes à deux tambours pouvant opérer le lainage à poil et à contre-poil et garnies d'appareils élargisseurs, remédiant en partie aux défauts dits *ribots*.

Dans la lainerie Béranger, les tambours sont animés d'un mouvement de va-et-vient pour éviter le rayonnage.

M. Nos d'Argences avait exposé une lainerie velouteuse destinée à donner en même temps le garnissage et l'apprêt velouté. A cet effet, il se sert de tambours garnis de chardon métallique.

Machine à ramer les draps.—M. Tulpin aîné,

de Rouen, avait exposé une machine pour ramer et sécher les draps et toutes autres espèces de tissus. Cette machine, que nous avons vue fonctionner chez MM. Méry-Samson, à Lisieux, se compose d'un tambour annulaire de 4 mètres environ de diamètre, formé de plaques creuses en tôle dans lesquelles circule la vapeur. Deux chaînes sans fin portant des picots servent à accrocher et à laizer l'étoffe. Le drap accroché est entraîné par le mouvement de la chaîne sur le tambour. Une seule révolution du tambour le sèche, après quoi il est déposé sous le plan incliné qui guide les chaînes sans fin. Tout le système est emboîté dans une caisse en bois qui empêche la chaleur de se disperser inutilement dans l'appartement de la sécherie; une cheminée d'appel sert à l'évacuation de l'air saturé. Cette machine peut sécher à l'heure de 100 à 500 mètres de drap, et nécessite seulement un cheval vapeur comme force motrice.

Effilochage. — L'extension de plus en plus considérable de l'emploi de la laine pour la fabrication des étoffes d'habillement, et le prix élevé de cette matière, ont poussé les fabricants à utiliser d'abord les déchets de filature et de tissage. Ces produits, par suite de leur rentrée dans la fabrication, ayant acquis une grande valeur, on a eu l'idée de défibrer, d'effilocher les vieux tissus de laine : de là est née l'industrie de l'effilochage. Les vieux chiffons de laine, les tricots et mérinos, sans emploi il y a trente ans, puisqu'on les payait de 2 à 5 fr. les 100 kilog. pour engrais, ont atteint, dans ces dernières années, les prix exorbitants de 80 et 120 fr. les 100 kilog.

A certaine époque, les fabriques ont employé une masse de ces produits, que l'on connaît sous le nom de *Renaissance*, même dans des draps d'un prix assez élevé. Mais, depuis, on a reconnu que les draps bas prix comportaient seuls l'emploi de ces matières.

En dehors de l'effilochage à la main, deux méthodes sont en usage pour obtenir la Renaissance :

La première et la moins répandue consiste à traiter par un acide les chiffons dits chaîne coton. L'acide désagrége le coton ; il reste de la laine qu'il suffit de carder pour livrer au commerce.

La deuxième méthode consiste à effilocher les chiffons pure laine, au moyen de machines dites *effilocheuses*.

Les chiffons bruts classés par sortes, écouturés, lavés, teints et séchés, sont soumis à la machine à effilocher. Plusieurs genres de machines sont en usage. Dans toutes, le chiffon étendu à la main sur une toile sans fin est livré au moyen d'alimentaires à un tambour animé d'une très-grande vitesse, qui effiloche le tissu.

Certains constructeurs garnissent le tambour d'un grand nombre de pointes en acier.

Dans la machine Buisson, qui fonctionnait à l'Exposition et que nous regardons comme très-bonne, le tambour est garni de lames de scie. L'un des cylindres alimentaires est en métal poli ; l'autre est un arbre carré, recouvert de rondelles juxtaposées en caoutchouc et serrées longitudinalement par un écrou.

Les chiffons pris entre ces deux cylindres s'incrustent en quelque sorte dans le caoutchouc ; ils sont entraînés dans une espèce de cuvette concentrique au cylindre élastique jusqu'au bord en acier de cette cuvette, et là ils sont travaillés par les dents du tambour, défilés fil à fil et rejetés au dehors de la machine à l'état de laine, qui peut entrer immédiatement dans la fabrication du drap.

Une machine de ce genre coûte 2,500 fr., emploie 1 cheval 1/2 à 2 chevaux de force, et produit de 10 à 15 kilog. à l'heure.

Produits. — MM. Desmortreux-Queillé, Lebesnerais-Eude et P. Pichard, de Vire, avaient exposé dans la classe XXX des draps réunissant toutes les qualités traditionnelles de la bonne fabrication : solidité, beauté d'apprêt, bonne teinture, etc., etc.

MM. Jules Juhel-Desmares et M. Ad. Lenormand avaient des produits hors ligne; c'était des draps nouveautés, velours pour vêtements d'hommes et de femmes, rivalisant pour la beauté et la solidité avec les produits des meilleurs fabricants d'Elbeuf et de Sedan.

Lisieux était parfaitement représenté par MM. Méry-Samson, J. Samson et A. Fleuriot, Adeline, Bertre aîné et fils, Fournet et Duchesne, Lefébure et Bourdon, Lemaignen.

L'exposition de ces industriels était remarquable par la qualité et le bon marché des pièces qu'elle contenait.

Nous n'avons pu voir sans étonnement la parcimonie avec laquelle le jury a récompensé les exposants de la classe XXX. Nous ne comprenons pas comment pas un seul exposant, en dehors des expositions collectives, n'a été jugé digne de recevoir la médaille d'or, lorsque dans la classe LXXIII, qui comprend les boissons fermentées, 88 exposants ont obtenu cette récompense.

CLASSE XXXIII. — *Dentelles.* — L'industrie dentellière a été largement et dignement représentée, et le classement par le jury des produits exposés n'a pu être décidé sans une étude sérieuse, que la perfection générale du travail a dû rendre très-difficile.

Bien que les vitrines de beaucoup de nos exposants renfermassent tous les genres de dentelles, notre examen comparatif n'a porté que sur la dentelle noire, dont la fabrication dans notre département a conservé une grande importance.

Cette importance remonte à un passé assez loin de nous; mais à cette époque, et pendant longtemps, nos plus beaux produits entraient dans la consommation sous le nom de *Dentelles de Chantilly*, et obtenaient par ce changement d'étiquette une valeur conventionnelle supérieure qui, bien que méritée, leur eût été refusée sans cela. Ce procédé, en altérant la vérité, froissait des intérêts respectables; il paraît aujourd'hui complètement abandonné, et nous avons été heureux de constater que chaque spécimen de cette industrie ou ne portait aucune indication de provenance, ou annonçait sa véritable origine.

La première, par rang d'ancienneté, des maisons qui avaient répondu à l'appel de la Commission impériale, est celle de MM. Lefébure et fils, de Paris, dont la fabrique est établie à Bayeux; leur exposition comprenait, entre autres articles en dentelles noires, une pointe d'un ensemble de travail complètement hors ligne, et une robe bien fabriquée, remarquable surtout par la pureté de son travail et la netteté de son fond.

Comme importance, nous trouvons ensuite la maison Verdé-Delisle frères et Cie, de Paris, qui avait exposé des produits réellement tout à fait remarquables. Nous devons citer, comme nouveauté de travail, une pointe et une robe dont le dessin et la fabrication ne laissaient presque rien à désirer. Ces deux objets, ainsi qu'une ombrelle également fort jolie, venaient de Bayeux et de l'hospice St-Louis de Caen, où ces fabricants ont établi, depuis quelques années, un atelier de dentellières. La récompense exceptionnelle que cette maison a obtenue est parfaitement justifiée.

M. Lecornu, de Caen, peut, sans infériorité, se mesurer avec les deux maisons qui précèdent; son châle était un morceau capital qui attirait tous les regards et qui a dû faire commettre le péché d'envie à plus d'une des belles visiteuses qui l'ont examiné; il est difficile de faire mieux, et quoique le fond fût d'une moindre finesse que celui de quelques autres articles, il n'en était pas moins une des pièces les plus admirées de l'industrie dentellière. Deux objets beaucoup moins importants, une ombrelle et une ceinture, prouvent que dans cette maison la perfection n'est pas réservée exclusivement aux produits de grande valeur.

La vitrine de MM. Normand et Chaudon, ancienne maison Frainais et Gramagnac, de Paris, contenait également deux spécimens de la fabrique de M. Lecornu, de Caen; nous voulons parler d'une pointe et d'un châle qui justifiaient en tout point ce que nous venons de dire, ainsi que les louanges que nous avons entendu faire et dont nous sommes heureux de nous rendre l'écho.

Bien que MM. Aubry frères, de Paris, ne soient pas fabricants de notre département, nous devons dire qu'une des principales ornementations de leur exposition était une pointe en dentelle noire, fabriquée pour leur compte par M. Emile Leconte, de Caen. Ce morceau, d'une finesse exceptionnelle, fait le plus grand honneur à ce dernier; c'est, dans toute l'acception du mot, un objet de grand luxe qui ne peut s'adresser qu'à peu de bourses.

M. Pagny, dont la fabrique est à Bayeux, avait exposé une pointe bien faite, dont le fond plus ordinaire indique une bonne fabrication, et un volant qui contient des effets de mat et fond clair fort remarquables et fort remarqués. Parmi les articles de même nature, celui-ci nous a paru de beaucoup supérieur.

M. Gast, de Caen, s'est attaché plutôt à une fabrication d'objets de vente courante qu'à produire des articles exceptionnels que leurs prix élevés rendent d'un placement plus difficile. Son exposition, à ce point de vue, était parfaitement réussie, et nous devons croire qu'il n'a pas à regretter d'avoir envisagé la question à ce point de vue pratique ; son châle carré, son châle oblong garni d'un volant et plusieurs barbes ont été justement appréciés.

Ce qui précède s'applique également à l'exposition de MM. Robert frères, de Courseulles, qui ont plus tenu à une production s'adressant à un grand nombre de consommateurs, qu'à faire des tours de force dont le résultat est souvent problématique; cette maison, encore jeune, fait bien; elle fera mieux encore en persévérant dans une voie qui ne peut que lui être profitable; son grand châle carré et une pointe plus fine, ombrée à trois tons, étaient des articles bien rendus.

MM. Bonnet jeune, de Bayeux, ont exposé une belle pointe, un volant et surtout un éventail d'une exécution parfaite; tous ces articles étaient bien fabriqués.

MM. Lepelletier frères, de Caen, rentrent dans la catégorie des fabricants qui tiennent à produire des articles de vente sûre et facile, plutôt qu'à provoquer l'admiration des visiteurs d'une exposition universelle.

MM. Desbleds, Pellerin et Cie, avaient exposé de la fabrication de Bayeux : un châle et une pointe bien faits; c'est une maison nouvelle dont l'avenir nous paraît assuré en continuant à marcher dans la voie pratique où elle est.

La maison Husson-Morel, de Paris, avait offert à l'examen public des fleurs en dentelles de couleur, fabriquées par Mme Collette, à Giberville, près Caen, brevetée pour ces produits.

Il existe encore dans le Calvados un genre de produits qui donnait naguères de l'ouvrage à un grand nombre de femmes et d'enfants; nous voulons parler des broderies sur tulle. Cette industrie a beaucoup diminué; néanmoins, elle occupe encore un certain nombre d'ouvrières, et un des plus anciens fabricants, M. Richier-Hervieu, de Caen, avait exposé plusieurs bandes, complètement brodées à la main, justifiant la faveur dont cet article a joui précédemment, et qui lui assurent encore pour longtemps la préférence de certaines contrées.

En terminant, nous pouvons dire qu'après examen attentif et impartial des articles similaires provenant des fabriques de Chantilly, du Puy et de la Belgique, la supériorité des dentelles de notre département reste évidente pour tout le monde, et qu'à cet égard nous pouvons hautement revendiquer la première place.

Classes lii et liii. — *Machines et appareils de la mécanique générale.* — Avant de parler des machines, nous devons dire un mot des matières qui entrent dans leur composition.

Nous sommes loin aujourd'hui des grossiers appareils que l'on rencontrait dans les ateliers au commencement de ce siècle.

A cette époque, les organes des machines étaient montés sur des bâtis en bois. Des armatures très-lourdes en fer servaient à relier les arbres carrés qui figuraient dans toutes les transmissions de mouvement. Les engrenages en fonte, d'un pas effrayant par rapport à la force qu'ils avaient la plupart du temps à transmettre, d'une petite largeur et supportés par des bras relativement faibles, étaient callés à force de coins sur ces arbres.

Les ateliers de construction ne possédaient que peu ou point de machines-outils. Depuis, la mécanique a fait d'immenses progrès; les vrais principes de la résistance des matériaux ont présidé à la construction des modèles, et les procédés de fonte et de moulage se sont améliorés. D'abord, à la remorque des Anglais, nous avons pu bientôt rivaliser avec eux pour la construction des grands appareils de navigation et des machines locomotives. Puis enfin, et ce n'est pas la moindre de nos gloires, nous avons pu leur livrer à eux-mêmes des locomotives qui circulent sur leurs chemins de fer.

Nous assistons aujourd'hui à une nouvelle transformation des machines. La fonte et le fer ont remplacé le bois; le fer tend à remplacer la fonte, et l'acier arrivera certainement dans un délai assez bref à remplacer le fer.

Le perfectionnement des procédés de fabrication, le remplacement du charbon de bois par le coke dans le travail des hauts-fourneaux, ont fait successivement baisser le prix de la fonte et, par suite, celui du fer.

En Angleterre, la fonte se vend fréquemment 5 fr. les 100 kilog. Des rails de chemin de fer sont livrés à 15 fr.

En France, la fonte vaut 10 à 13 fr. et les rails

se vendent généralement 2 à 3 fr. plus cher qu'en Angleterre ; soit 17 à 18 fr.

Depuis une dizaine d'années environ, M. Bessemer a doté l'industrie d'un procédé qui porte son nom et qui a pour but d'obtenir de premier jet de l'acier fondu, dit acier Bessemer, avec les minerais qui servent à la production de la fonte par les anciens procédés.

Les aciers Bessemer, d'abord très-peu employés et réputés très-mauvais ou plutôt mélangés de fer aciéreux et de fonte, se sont améliorés peu à peu. Ils sont enfin entrés dans la grande consommation, et la plupart de nos grandes lignes sont aujourd'hui en train de remplacer les anciens rails en fer par des rails en acier.

L'acier est, en effet, beaucoup plus résistant que le fer. Il résulte d'expériences faites en Amérique que la fonte, le fer et l'acier doux présentent respectivement les résistances suivantes :

	RÉSISTANCE A LA COMPRESSION. PAR MILLIM. CARRÉ.	RÉSISTANCE A LA TRACTION PAR MILLIM. CARRÉ.
	—	—
Fonte. . . .	68	10 à 12
Fer.	42	20 à 25
Acier. . . .	118	40

Des expériences récentes de M. W. Fairbain, on peut conclure que la résistance de l'acier à l'extension est environ deux fois celle du fer, et que la résistance à la flexion des barres d'acier est environ trois fois et demie celle des barres de fer forgé des mêmes dimensions et placées dans les mêmes conditions ; en sorte qu'en Angleterre les prix respectifs du fer et de l'acier étant 175 et 270 fr., l'emploi de l'acier est plus économique que celui du fer à résistances égales.

Les forges de Terrenoire, Lavoulte et Bessèges avaient exposé dans la classe XL des aciers Bessemer, avec les résultats d'expériences faites pour déterminer leur résistance à la traction.

Voici ces résultats :

TÔLE BESSEMER ESSAYÉE A LA TRACTION.	Par millimètre carré de section	
Poids supporté sans all^{t} permanent. .	29 kil.	4
Id. au moment de la rupture. . .	51	2
ACIER BESSEMER EXTRA-DOUX.		
Poids supporté sans all^{t} permanent. .	30	2
Id. au moment de la rupture. . .	46	»
ACIER BESSEMER DUR POUR ESSIEU.		
Poids supporté sans all^{t} permanent. .	51	5
Id. au moment de la rupture. . .	80	»

Ces expériences semblent indiquer une résistance encore plus grande que celle résultant des expériences américaines.

Quoi qu'il en soit, cet acier résiste jusqu'à

20 fois plus à l'usure que le fer; de là sa supériorité sur celui-ci pour les pistons, tiges, bandages, chaudières à vapeur, réservoirs de presses hydrauliques, roues de wagon, rails, etc., etc.

Nous avons trouvé dans la classe XL un engrenage de tôlerie exposé après avoir servi déjà pendant trois ans : le flanc des dents était à peine attaqué. Il marchera certainement encore trois ans, après quoi on pourra le retourner, et il pourra de nouveau fonctionner pendant six années.

L'engrenage en fonte remplacé se brisait à peu près régulièrement tous les trois mois.

Si les prévisions de l'ingénieur de ces forges, qui nous a donné ces détails, se réalisent, cet engrenage durera 48 fois autant que celui de fonte.

De petits engrenages de filature à pas très-fins étaient exposés par d'autres maisons.

Il est certain que d'ici à quelques années toutes les petites pièces de forge de nos machines seront remplacées par des pièces en acier fondu sur modèles; on pourra de cette façon obtenir des machines plus élégantes, quoique présentant plus de solidité que celles actuelles.

L'application de l'acier Bessemer a fait baisser le prix des aciers puddlés et fondus.

Comme comparaison des prix des fers et des aciers, voici, d'après M. Flachat, quels ont été, dans ces dernières années, les prix des rails en fer, en acier fondu et en acier Bessemer.

	QUALITÉ DES RAILS.	PAYS.	USINES.	PRIX PAR TONNE.
Rails en fer.	Rail en fer ordinaire avec couverture en fer corroyé.	Belgique.	Blondiaux et Cie, Thy-le-Château.	160 fr.
	— — —	France.	De Wendel, rendu à Maubeuge.	182 fr. 50
	— — —	Angleterre.	Pays de Galles (sous verguc).	150 fr.
	— — —	Prusse.	Société des mines d'Aix-la-Chapelle.	202, 50-225 fr.
	— — —	Autriche.	Cie des Chemins du Sud d'Autriche, usine de Gratz.	189 fr. 60
	— la tête en fer à fins grains.	Prusse.	Société des usines d'Aix-la-Chapelle.	232, 50-270 fr.
	— — —	Autriche.	Cie des Chemins du Sud d'Autriche, usine de Gratz.	192 fr.
Rails en acier puddlé.	— la tête en acier puddlé.	Prusse.	Société des usines d'Aix-la-Chapelle.	232, 50-270 fr.
	Rail en acier puddlé.	Autriche.	Usine Dickmann, Prévalé (Styrie).	320 fr.
Rails en acier fondu.	Rail en acier fondu au creuset.	Prusse.	Aciérie Krupp Essen (Westphalie).	400 fr.
	—	Id.	Chemins de fer de la Basse-Silésie.	517 fr. 50
	Rails vignole ou à double champignon pour croisements.	France	1859. Petin et Gaudet, Verdié, Saint-Seurin-Imphy.	931 et 935 fr.
			1860.	900-895 fr.
			1861.	665, 740 et 850 f.
			1863.	500-730 fr.
			1866. Émile, Martin, Sireuil.	345 fr.
			Id. Petin et Gaudet.	340 fr.
		Angleterre.	. . . .	»
Rails en acier Bessemer. et en acier atlas.	Rail en fer ordinaire, la tête en acier Bessemer.	Autriche.	Cie des Chemins du Sud de l'Autriche, usine de Gratz.	220 fr.
	— —	Prusse.	Société des mines et usines de Hoerde (Westphalie).	375 fr.
	Rail en acier Bessemer.	Autriche.	Usine Henkel-Donnersmark, à Zeltweg (Styrie).	304 fr.
	—	Id.	Cie des Chemins du Sud d'Autriche, usine de Gratz.	310 fr.
	—	Id.	Usine Rothschild-Wittkowitz (Moravie)	360 fr.
	—	Prusse.	Usine de Bochüm (Westphalie).	400 fr.
	—	Id.	Société des mines et usines de Hoerde (Westphalie).	412 fr. 50
	Rail en acier atlas à double champignon Vignole.	Angleterre.	. . . .	370 fr.
	— —	Id.	. . . .	400 fr.
	Rail Vignole à double champignon pour voie courante et pour croisement.	France	1864. Imphy, Terre-Noire, Verdié, Petin et Gaudet, Châtillon et Commentry, De Diétrich, Fraisans.	500-550 fr.
			1865.	413-500 fr.
			1866.	395-404 fr.
			1867.	315-360 fr.

La production annuelle de l'acier Bessemer en France est aujourd'hui de plus de 12,000 tonnes.

Elle n'était que de 1,356 tonnes en 1863.

En terminant, nous devons signaler une fâcheuse anomalie qui se produit justement à l'occasion des procédés de M. Bessemer.

M. Bessemer prélève, comme inventeur, une rétribution de 3 fr. par 100 kilog. de rails et de 5 fr. par 100 kilog. d'acier en barres fabriqués d'après sa méthode.

La plupart des pays ont admis les brevets de M. Bessemer; mais la Prusse a refusé, et, comme conséquence, les fabricants d'acier prussien utilisent ses appareils sans payer les droits de licence. Ils peuvent donc livrer, sur les marchés étrangers, les rails à 30 fr. et les autres aciers à 50 fr. par tonne meilleur marché que les fabricants anglais et français, toutes autres conditions étant supposées égales. Cette seule différence de prix peut avoir pour effet de faire prédominer les aciers Bessemer prussiens sur tous les marchés étrangers.

Les traités de commerce s'occupant de libre-échange devraient aussi parler des droits des brevetés.

Nous indiquons ici succinctement les diverses pièces détachées de machines qui nous ont le plus frappé.

Paliers Jouffray. — M. Jouffray, de Vienne (France), exposait des paliers hydrauliques basés à peu près sur le même principe que ceux de M. Girard. Un réservoir, dans lequel l'eau est en pression, communique par un tuyau avec un vide ménagé au milieu du palier. La pression de l'eau tend à soulever l'arbre et à équilibrer une partie de l'effort qu'il exerce sur son coussinet.

Palier Piret.—On a parlé davantage du palier hélicoïde exposé par M. Piret. Voici en quoi il consiste :

Un palier ordinaire est fondu dans une espèce d'enveloppe dans laquelle on met de l'huile ou de l'eau. Une roue hélicoïde calée sur l'arbre à graisser relève au moyen de compartiments le liquide et le déverse incessamment à la partie supérieure du palier dans un réservoir percé d'un ou de plusieurs trous en contact avec la fusée.

En 1866, sur le chemin de fer de l'Est, quatre boîtes à eau ont été posées sous une voiture de première classe et ont accompli un trajet de 22,200 kilomètres sans que les parties frottantes aient présenté trace d'usure.

Fonctionnant à l'huile, les mêmes paliers ont pu accomplir des trajets de plus de 10,000 kilomètres, sans qu'il ait été besoin d'ajouter une seule goutte d'huile dans les boîtes. Elles ont, d'après le rapport de MM. les Ingénieurs de l'Est, consommé ensemble 2 grammes 35 d'huile par 1,000 kilomètres.

Pendant la durée de l'Exposition, des paliers de M. Piret ont fonctionné avec le plus grand succès à l'eau pour la transmission de mouvement de la classe XLVII.

Tout le monde connaît les graisseurs en verre de Lacoux, ceux de Amenc, ceux de Sautreuil, de Fécamp; ils ont pénétré partout. On les voit fonctionner sur toutes les transmissions de mouvement.

MM. Piat et fils exposaient des engrenages. Cette maison a compris l'avantage immense que les constructeurs et les industriels ont à trouver chez un seul mécanicien des séries à peu près complètes d'engrenages et de poulies.

Ressorts en laine. — M. Thomson avait exposé dans la classe LV des ressorts métalliques en spirale, garnis intérieurement de laine debout fortement comprimée. Il paraît qu'en Amérique ces ressorts sont appliqués même sur les chemins de fer, où ils rendent de grands services.

Coussinets adamas. — Dans la section anglaise, M. S. Lioni avait des coussinets dits *coussinets adamas*. L'adamas serait, d'après l'exposant, un silicate de magnésie fortement comprimé dans un moule convenable et cuit ensuite dans un fourneau jusqu'à la vitrification. Les coussinets fabriqués ainsi sont très-durs ; ils résistent, dit-il, parfaitement à l'usure et restent froids à une vitesse et à une pression qui détériorent les meilleurs bronzes.

Régulateurs.—Les régulateurs de vitesse étaient nombreux ; ils étaient posés sur les machines qui fonctionnaient ou étaient en repos au Champ-de-Mars.

Nous y avons vu notamment les modérateurs à ressort de Pikering, ceux à contre-poids de Potter. Les boules de ces deux régulateurs sont très-faibles, mais agissent par la grande vitesse de rotation avec laquelle elles sont entraînées ; puis ceux de M. Foucault, de MM. Farcot, etc., dont les sphères sont, au contraire, très-lourdes et ne marchent qu'à une petite vitesse. Nous devons spécialement mentionner le régulateur à bras croisés de Farcot.

La durée d'une révolution d'un pendule conique est proportionnelle à la projection de la droite qui lie le centre de la boule au point fictif de suspension sur l'axe vertical de rotation. Si cette projection était constante, quelle que fût la position des boules, celles-ci pourraient rester en équilibre et conserver à la machine une vitesse uniforme pour d'énormes variations de force. MM. Farcot arrivent à remplir cette condition en croisant les bras de leur régulateur et en calculant les longueurs et la position des points d'articulations des tiges, de façon à ce que l'axe des cercles décrits par chaque boule se rapproche le plus possible d'un arc de parabole qu'ils déterminent d'avance. Un ressort que la tension augmente à mesure que les boules s'élèvent, vient encore régulariser l'action de la force centrifuge.

Ils ont de cette façon un régulateur à peu près isochrone, c'est-à-dire réglant l'admission de la vapeur de façon à maintenir la machine et les outils qu'elle actionne constamment à la même vitesse, quelles que soient les variations de travail qu'elle éprouve.

Tous ces régulateurs agissent, soit sur le papillon qui règle l'admission de la vapeur dans la boîte des tiroirs, soit sur la détente elle-même.

Le premier moyen est préférable lorsque la machine est surchargée.

Le deuxième doit être appliqué toutes les fois que les outils n'emploient pas toute la force développée par la machine.

Le régulateur à air Larivière est connu depuis longtemps; il était à l'Exposition appliqué sur la machine de M. Lecouteux. Ce régulateur agit sur le papillon d'introduction et permet de donner à la machine à vapeur sur laquelle il est appliqué telle vitesse que l'on voudra; il régularise cette vitesse. Le plus grave inconvénient présenté par l'appareil réside dans le soin qu'il faut prendre pour entretenir parfaitement propre le cylindre dans lequel on fait le vide.

L'air qui entre par le petit orifice mobile est toujours plus ou moins chargé de poussière, ce qui empêche à la longue le bon fonctionnement de l'appareil. A l'Exposition, un tuyau en communication avec le sous-plancher livrait à l'orifice régulateur l'air puisé au-dessus du condenseur exempt de toute poussière.

Amené à parler des machines à vapeur, nous déplorons, avec MM. les rapporteurs de la classe LII, qu'il n'y ait point encore d'unité fixe pour évaluer la force des machines.

Dans tous les cours de mécanique, on trouve que la force du cheval-vapeur est celle qui est nécessaire pour élever un poids de 75 kilog. à 1 mètre de hauteur dans 1 seconde.

Il n'en est pas de même en industrie, et chaque pays estime différemment cette force.

A Paris, le cheval-vapeur est de 75 kilogrammètres.

Dans le département du Nord, il est de 110 kilog^{mt}.

A Rouen, il est de plus de 100 kilog^{mt}.

Le cheval de Watt est de 76 kilog^{mt}.

Enfin, dans la marine, le cheval-vapeur correspond à 200-225-250 kilog^{mt}.

Cette variation dans l'unité de comparaison donne lieu à des incertitudes qu'il serait temps de faire disparaître.

Ainsi, tel constructeur livre pour 20 chevaux une machine qui peut fournir une force double dans de bonnes conditions relativement à la dépense de combustible. De là les expressions de force nominale, force effective, qui n'ont aucun sens bien déterminé et qui varient encore avec la même machine suivant le nombre de tours qu'on lui fait faire à la minute.

Au moment où nos relations avec l'étranger s'agrandissent, où nos poids, nos mesures tendent à devenir d'un usage universel, il serait bien temps d'adopter une unité de travail. Pour la facilité des calculs, il serait bien désirable que cette unité fût celle représentée par 100 kilog. élevés à 1 mètre en 1 seconde. On est déjà entré dans cette voie lorsqu'on a appelé grande unité dynamique le travail dû à un poids de 1,000 kilog. élevé à 1 mètre en 1 seconde.

Le décret du 25 janvier 1865 a fait disparaître l'unité de pression adoptée à tort pour les chaudières et les machines à vapeur (l'atmosphère). Il l'a remplacée par une autre unité d'accord avec notre système métrique : la pression de 1 kilog. par centimètre carré.

Il eût bien dû réformer en même temps la vieille expression cheval-vapeur et définir d'une façon légale l'unité de travail.

La puissance d'une machine à vapeur, toutes choses égales d'ailleurs, dépend du volume de vapeur qu'elle peut dépenser dans l'unité de temps. Il suit de là que la même machine peut, si ses organes sont assez solides, être vendue pour des forces doubles, triples de celle pour laquelle elle a été construite. Il suffit pour cela de doubler ou tripler sa vitesse. On a ainsi des machines à très-bon marché, relativement à la force qu'elles peuvent développer, mais dont il faut grandement se méfier.

En dehors du système adopté relativement à la condensation, quatre choses essentielles doivent guider dans le choix d'une machine à vapeur : les dimensions du cylindre, la détente, le nombre de tours de l'arbre, et surtout la consommation de combustible par heure et par unité de travail.

Machines à élever l'eau. — Les machines de ce genre exposées au Champ-de-Mars comprenaient quatre catégories bien distinctes :

1° Les norias, chapelets, etc. ;

2° Les pompes proprement dites, comprenant les pompes à incendies ;

3° Les pompes rotatives et centrifuges ;

4° Les béliers hydrauliques.

Parmi les appareils de la première catégorie, la chaîne-pompe Bastié se faisait surtout remarquer. C'est un chapelet vertical construit avec soin, et dont le rendement s'élève, d'après l'inventeur, à 80 ou 90 %. Un long tuyau vertical en fonte règne dans toute la hauteur du puits et descend plus bas que le niveau de l'eau. Une chaîne sans fin en fer, portant des palettes en tôle garnies de cuir, également espacées, circule dans le tuyau, appelée par une roue ou tambour mu par une poulie et une courroie. Le tuyau en fonte est alésé seulement dans la partie inférieure au diamètre des rondelles, qui remplissent en ce point le rôle de pistons ; l'eau élevée est reçue à la partie supérieure du tuyau dans une bâche. La vitesse de la chaîne varie de $1^m,50$ à 5^m par seconde. D'après M. Bastié, la *New River Company* de Londres possède, à Eddesdon, une machine de ce genre, qui élève de 20 mètres de profondeur 227 litres d'eau par seconde, 13,620 litres à la minute, avec une machine de 50 chevaux, ce qui correspond à un rendement de 90 %.

Une pompe de $0^m,30$ de diamètre de piston, pouvant élever 1 hectolitre par seconde à 4 mètres de hauteur coûterait 3,500 fr.

Pompes proprement dites. — Parmi les grandes pompes pour l'alimentation des villes, nous devons signaler les pompes Th. Scott, qui étaient installées sur le bord de la Seine ; les modèles des pompes exposées par MM. Farcot, pour l'alimentation des villes de Lisbonne et d'Angers, avec leurs clapets concentriques évitant les étranglements et les chocs ; la pompe Girard, dans laquelle un seul piston agit dans deux corps de pompe horizontaux placés nécessairement dans le même axe. Chacun des corps de pompe est à simple effet et communique avec une boîte à deux soupapes placée à l'extrémité, et d'où partent les tuyaux d'aspiration et de refoulement, de sorte qu'à chaque coup simple, le piston aspire dans un des cylindres et refoule par l'autre. La construction de cette pompe est très-soignée.

Nous avons retrouvé à l'Exposition, presque sans changement, les pompes Stoltz, dites pompes jumelles ; la pompe Le Testu, avec son piston conique garni d'un simple cuir, qui rend tant de services dans les travaux d'épuisement ; la pompe Perreaux, avec ses soupapes à anches en caoutchouc, cylindriques à la base, aplaties au sommet, permettant d'élever les eaux chargées de sable ou autres matières solides ; la pompe Champonnois, construite avec une grande économie par MM. Japy.

Parmi les meilleures pompes à piston, nous recommandons la pompe de MM. Schabaver et Foures, de Castres, dite pompe Castraise.

Elle est aspirante et foulante, à un seul corps de pompe à double effet.

Le corps de pompe est horizontal ou vertical. Quatre boules ou sphères en caoutchouc, creuses et lestées de grenaille de plomb, forment les soupapes. Elles sont disposées dans des boîtes latérales. Le liquide à élever ne parcourt que les chambres des sphères et ne passe pas dans le cylindre, qui est ainsi à l'abri des détériorations qui se produisent dans les pompes ordinaires.

Une pompe Castraise, essayée au Conservatoire des arts et métiers, a rendu 66.5 °/₀ du travail moteur, et a fonctionné parfaitement avec de l'eau dans laquelle on avait mélangé à dessein des cendres, des escarbilles et des morceaux de charbon.

Pompes à incendie. — L'exposition des pompes à incendie à bras était aussi complète qu'on pouvait le désirer. En dehors des différences de détail et des formes plus ou moins heureuses, spéciales en quelque sorte à chaque contrée, il n'y a guère à noter que des perfectionnements de détail.

En France, on retrouve presque partout le type dit de la ville de Paris, et nous devons avouer que les pompes de ce type, si elles sont faciles à transporter et à manœuvrer, ne sont pas celles qui rendent le plus, relativement à la force qu'elles nécessitent pour leur manœuvre.

Il résulte en effet d'expériences faites par M. Tresca, en 1856, que huit pompes de divers constructeurs et de divers pays essayées ont été classées comme suit :

	RAPPORT du vol. engendré au vol. d'eau élevé.	RENDEMENT.
Carl-Metz, de Heidelberg.	0,95	0,80
Merry Weather, Londres.	0,81	0,573
Tylor, id.	0,565	0,545
Le Testu, Paris.	0,870	0,452
Perry, Canada.	0,91	0,378
Flaud, Paris, type ville de Paris.	0,912	0,334
Perrin, id., id.	0,950	0,288
Lemoine, de Quebec. . . .	0,900	0,175

Ce tableau prouve que si les pistons des pompes françaises fonctionnent bien, la disposition générale, les coudes, les étranglements, etc., absorbent en pure perte une grande partie de la force développée.

La pompe Metz, manœuvrée par 14 hommes, portait son jet à 35 ou 36 mètres de hauteur avec une lance de 15 millimètres de diamètre.

La pompe Le Testu, dans les mêmes conditions, atteignait à 30 mètres.

La Société industrielle de Mulhouse, que l'on trouve toujours occupée à la recherche et à la vulgarisation de tous les perfectionnements, a recommandé un type de pompe à incendie qui nous semble mieux entendu que celui en usage à Paris. De plus, à la suite d'études entreprises par une de ses commissions, elle vient de publier un manuel d'instruction pour les assurances contre l'incendie, que nous recommandons vivement à l'attention de nos manufacturiers. La première partie traite des conditions générales des polices; la deuxième de la rédaction des polices industrielles et commerciales, et la troisième des expertises et des réglements des sinistres.

Le plus grand perfectionnement apporté aux pompes à incendie dans ces derniers temps a consisté à remplacer par la vapeur les hommes chargés de leur manœuvre.

MM. Lee et Larned, de New-Yorck, ont les premiers construit des pompes de ce genre, dont l'une figurait à Londres en 1862.

L'Angleterre a suivi l'exemple de l'Amérique. Elle était représentée, à Paris, par MM. Merry-Weather et fils, de Londres, et MM. Shand Mason et Cie; un seul constructeur français, M. Mazeline, avait exposé des pompes de ce système.

La principale qualité de la chaudière d'un appareil de ce genre est de monter en pression dans le temps le plus court possible. La chaudière, toujours alimentée d'eau, doit pouvoir produire de la vapeur en courant à un incendie.

Le 6 mai 1867, trois constructeurs se présentèrent pour subir les épreuves du concours. En dix minutes, la chaudière de la pompe Merry-Weather, petit modèle, accusait 7 atmosphères; on mit en mouvement la machine, ce qui n'empêcha pas la pression d'atteindre bientôt 9 atmosphères ; elle lança l'eau à 40 mètres de hauteur.

La grande pompe du même constructeur, essayée le lendemain, aspira l'eau à une profondeur de 4 mètres, avec un tuyau de 10 mètres de long. Par un tuyau de refoulement de 12 mètres, elle lança un jet compact de 45 millimètres par dessus le sommet de la lanterne du phare français, à une hauteur de plus de 50 mètres du sol. Elle fonctionna toute la journée, remplaçant de temps en temps son grand jet par quatre jets de 25 millimètres. On assure qu'elle peut alimenter jusqu'à 12 jets à la fois. Cette pompe fut classée 1re.

La pompe à vapeur devrait remplacer les grandes pompes à bras, laissant aux petites pompes la charge de porter les premiers secours.

Il ne faut pas oublier que les grandes pompes à bras, et surtout les pompes à vapeur, demandent pour leur alimentation une grande quantité d'eau, et qu'elles seraient plus nuisibles qu'utiles dans une ville qui n'en serait pas abondamment pourvue. Lyon a fait une commande de pompe à vapeur à MM. Merry-Weather.

Pompes rotatives. — Nous avons revu à l'Exposition les pompes rotatives Stoltz, Leclerc, etc., qui sont connues depuis longtemps déjà et qui, malheureusement, n'ont pas conservé la réputation qu'elles avaient à leur début. Dans l'exposition américaine, nous avons vu fonctionner une pompe de ce genre du système Beyrens, construite par MM. Dart et Cie, de New-York. Elle est présentée par l'inventeur à la fois comme moteur à vapeur, moteur à eau et comme pompe. Elle peut être avantageuse comme appareil élévatoire ; elle prend peu de place, marche à grande vitesse et donne sans réservoir d'air un jet continu. Elle rend, dit-on, de grands services en Amérique, dans les brasseries et les raffineries, pour élever les liquides chauds, tels que la bière, les melasses, etc., avec autant de facilité que l'eau froide.

Elles exigent une construction très-soignée. Pas de renseignements sur leur rendement.

Pompes centrifuges. — Depuis quelques années, l'emploi des pompes centrifuges a pris une grande extension. En effet, elles se recommandent par la facilité d'installation, la simplicité du mécanisme, les réparations peu nombreuses qu'elles nécessitent, le peu de place qu'elles occupent.

Ces pompes ne sont, en réalité, que des ventilateurs à eau aspirant le liquide par le centre et le rendant par la circonférence.

De nombreux types représentaient ce genre d'appareils au Champ-de-Mars, tous plus ou moins dérivés de la pompe d'Appold, qui fit son apparition, en 1851, à l'exposition de Londres.

La vitesse, à la circonférence de ces appareils, est nécessairement très-considérable, ce qui est souvent un grave inconvénient; elle varie en raison de la racine carrée des hauteurs auxquelles l'eau doit être élevée. Aussi ces pompes conviennent-elles surtout pour élever de grands volumes d'eau à une petite hauteur.

Autant que possible, on doit éviter l'aspiration et placer ces pompes au-dessous du niveau inférieur.

L'eau doit avoir une petite vitesse dans les tuyaux d'amenée et de refoulement, et une grande dans la roue seulement. De plus, elle doit entrer à peu près sans choc et sortir bien tangentiellement à la circonférence extérieure. Ne portant point de soupapes, sauf un clapet de retenue, on peut leur faire élever des eaux impures.

Les pompes Gwynne, Owens, que nous avons vues fonctionner dans la section anglaise, nous ont paru remplir ces conditions.

En France, MM. Neuet et Dumont construisent des pompes du même genre avec le plus grand succès. Leurs pompes rendent de grands services dans toutes les industries, comme le constatent les nombreux certificats qu'ils produisent dans leurs prospectus.

Un presse-étoupe perfectionné s'oppose à la rentrée de l'air dans l'appareil. D'un procès-verbal d'expériences faites à Épinay par M. Léon Leverrier, ingénieur des mines, il résulte qu'avec une force de 18 chevaux 57, mesurée au frein de Prony, une pompe de $0^m,20$ de diamètre intérieur, construite par ces mécaniciens, élevait par seconde 138 litres à $5^m,50$ de hauteur, en faisant 500 tours à la minute. L'effet utile était de 57 1/2 °/₀; au-delà de 500 tours, le débit n'augmentait pas.

A l'Exposition, la pompe Neuet, actionnée par le câble télo-dynamique, élevait 250 litres d'eau par seconde à 6^m de hauteur.

MM. Coignard et Cie remplacent les aubes de la roue mobile d'Appold par deux pièces en fonte tournantes qu'ils nomment *hélices*. L'eau appelée au centre de la roue passe dans les hélices, qui lui impriment une vitesse croissante jusqu'à la circonférence, et de là elle se rend dans le tuyau d'ascension. MM. Coignard désignent leur pompe sous le nom d'hélicoïde centrifuge; ils ont cherché à mieux utiliser la force centrifuge développée par le mouvement de la roue mobile. Des précautions minutieuses sont prises contre la rentrée de l'air, et des dispositions particulières permettent de ramener toujours la roue mobile à la position exacte qu'elle doit occuper dans la carapace ou boite en fonte qui l'enveloppe.

Nous ne connaissons point d'expérience officielle faite sur ces pompes, mais les constructeurs prétendent que leurs roues rendent beaucoup plus que les autres pompes centrifuges.

En tous cas, nous savons que leurs pompes

marchent avec régularité et n'exigent point de réparations.

Les pompes Coignard fonctionnent notamment au canal de Suez; une d'elles a servi au renflouage du transatlantique *La Floride*, dans le bassin de l'Eure, au Havre.

MM. Coignard avaient exposé des pompes dans lesquelles les puissances élévatoires des tambours qui les composent s'ajoutent les unes aux autres, ce qui, pour un même débit, leur permet de réduire la vitesse circonférentielle, et que, pour cette raison, ils appellent *pompes hélicoïdes à vitesse réduite.*

Bélier hydraulique. — Le bélier hydraulique est une véritable machine à effet direct, sans aucune transmission de mouvement, c'est-à-dire qu'il n'a pas besoin de moteur pour être mis en action; seul, par le jeu même de ses organes, il élève l'eau à de grandes hauteurs, tandis que la pompe doit être mue par une roue hydraulique, une machine à vapeur ou des hommes.

Il semblerait que cette machine ne devrait pas résister longtemps aux chocs et aux vibrations auxquels elle est perpétuellement soumise.

Il n'en est rien cependant lorsque cette machine est bien construite. Le général Morin rapporte que le bélier établi à Mello, au commencement du siècle, était encore en service en 1860, et qu'à cette époque il donnait encore les mêmes résultats qu'à l'origine : 0 l. 256 par seconde élevés à 59 mètres de hauteur sur une chute de $11^m,25$, avec un volume d'eau moteur de 2 l. 17 par seconde, soit en résumé 62 % du travail dépensé. Le bélier est une très-bonne machine élévatoire lorsqu'il est établi dans de bonnes conditions, c'est-à-dire lorsque le rapport de la hauteur d'élévation à la chute ne dépasse pas une certaine limite.

M. E. Bollée, du Mans, construit des béliers perfectionnés. Il a quinze modèles différents pouvant utiliser la force motrice du ruisseau donnant 0 litres 66 par seconde jusqu'à la petite rivière de 130 litres.

En l'absence de tout renseignement, nous sommes forcé de mentionner ici l'opinion du rapporteur de 1862 :

« Par l'adoption d'un clapet analogue aux sou-
« papes à double siége, M. Bollée diminue con-
« sidérablement l'intensité des chocs ; la pompe
« alimentant le réservoir d'air mise en mouve-
« ment par le jeu du bélier, mais toujours située
« au-dessus des plus hautes eaux, fonctionne
« même quand le bélier est noyé, ce qui permet
« de l'établir de manière à profiter de toute la
« hauteur de la chute. Enfin le clapet est équi-
« libré à volonté par un balancier au moyen du-
« quel on règle la vitesse de la machine. »

Un bélier Bollée fonctionne chez M. Méry-Samson à Lisieux.

Appareils de levage. — Parmi les appareils de levage, nous avons remarqué les treuils à mani-

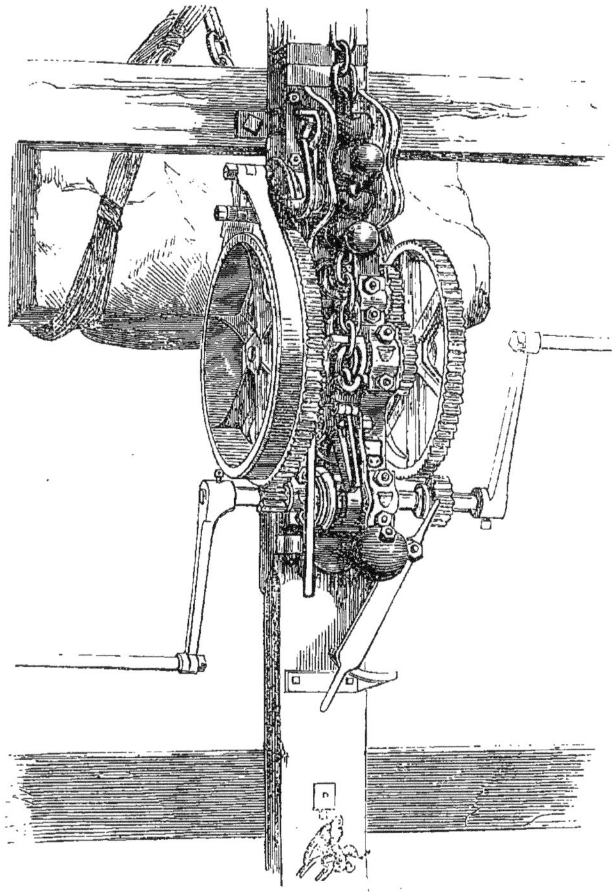

velle à deux vitesses de M. Bernier, de Paris : treuils qui sont employés à Paris presque exclusivement pour le levage des matériaux de construction.

Ils sont à double noix avec chaîne ordinaire et garnis d'un parachute automatique destiné à empêcher la chute des fardeaux, en cas de rupture de la chaîne ou du treuil. Le parachute agit sur la chaîne élévatoire d'une manière identique à celle d'un cliquet sur une roue à rochet. Il consiste en plusieurs arrêts à bascule montés sur un bâti placé à un point quelconque du parcours de la chaîne; celle-ci, dans son mouvement ascensionnel, soulève les arrêts et passe librement, mais se trouve arrêtée par eux si elle tend à revenir en arrière.

Dans le treuil indiqué par notre figure, le parachute est placé immédiatement au-dessus des noix, et son fonctionnement est supprimé automatiquement au moment de la descente du fardeau par le mouvement du levier du frein d'embrayage.

Le parachute peut être placé sur une chaîne de sûreté fonctionnant à côté de la chaîne élévatoire. Nous l'avons vu expérimenter souvent au Champ-de-Mars et chez M. Bernier lui-même, et il a toujours parfaitement fonctionné. Solidement construit, il a son application partout où les chaînes sont employées pour monter les fardeaux.

Machines hydrauliques. — Les moteurs hydrauliques rendent les plus grands services à l'industrie. S'ils ne se prêtent pas toujours aux exigences les plus variées, comme les machines à vapeur, ils ont le grand avantage de n'occasionner qu'une dépense souvent minime de premier établissement. Ils ne figurent que pour une somme peu importante dans les frais généraux de l'usine qui les emploie.

Le plus grand inconvénient de ces moteurs réside dans la variation du volume des cours d'eau sur lesquels ils sont établis. Les chutes, les volumes débités n'étant point constants, il en résulte une variabilité dans la puissance motrice développée; de là aussi des variations dans la production de l'usine.

Malheureusement, il est presque impossible de régulariser complètement le volume débité par les cours d'eau. Le régime uniforme ne pourrait être obtenu qu'au prix de sacrifices considérables, puisqu'il faut, pour arriver à ce résultat, barrer la tête des vallées et y construire de vastes réservoirs.

Quelques barrages de ce genre ont été établis dans le but d'éviter les inondations ; le nombre en est très-restreint; ils ont été construits par l'État.

Pour l'usinier, le choix du récepteur qui doit donner la vie à son établissement est une chose capitale. Ce choix dépend d'un si grand nombre de circonstances, qu'il est impossible de déterminer d'avance, sans une étude particulière, quel est le genre de moteur qui peut convenir pour tel ou tel cas.

La construction des moteurs ne devrait jamais être abandonnée à la routine. Le moteur théorique parfait est celui dans lequel l'eau entre sans choc et d'où elle sort sans vitesse relative. Ce résultat, qui ne peut jamais être complètement atteint, est l'objectif vers lequel tendent les efforts de tout constructeur.

Les moteurs hydrauliques se divisent en deux grandes classes :

Les roues à axe horizontal, dans lesquelles l'eau agit par son poids ou par sa vitesse ;

Les turbines à axe horizontal ou vertical, utilisant la force vive de l'eau.

Roues hydrauliques à arbre horizontal. — Ces roues comprennent quatre genres distincts : les roues en dessus, les roues de côté, les roues en dessous et enfin les roues pendantes.

Roues en dessus.—Les roues en dessus sont applicables aux chutes comprises entre $2^{m},60$ et 12^{m}. Au-dessus de cette limite supérieure, leur construction devient pour ainsi dire impossible. Ces roues doivent prendre l'eau à leur sommet. On abandonne généralement aujourd'hui les roues dans lesquelles l'eau entre en un point placé aux deux tiers du diamètre, au-dessus de la ligne horizontale passant par le centre, et connues sous le nom de roue type Werserling. La construction de la huche qui doit livrer l'eau dans les roues de ce genre est souvent difficile.

Les roues en dessus bien construites, ne recevant pas plus de 100 litres par seconde et par mètre de largeur, peuvent rendre jusqu'à 0,75 du travail moteur brut disponible.

Les roues, type Werserling, rendent 0,65 à 0,70.

Roues de côté. — Les roues de côté conviennent pour les chutes de 2 mètres, et au-dessous elles peuvent, sans grand inconvénient, atteindre une vitesse de 2 mètres à leur circonférence ; emboîtées dans un coursier circulaire, il existe un certain jeu entre ce coursier et l'extrémité de l'aubage, et il est évident que l'eau passant par cet intervalle est complètement perdue pour le rendement de la roue. Cette perte est proportionnelle à la largeur du coursier ; de plus, étant constante pour une même roue, elle est d'autant plus sensible que la lame d'eau livrée à la roue est plus faible.

M. Marozeau, ingénieur distingué de la maison Gros-Roman, de Werserling, a établi, il y a quelques années, sur un cours d'eau variable, une roue de côté qui présente les dispositions suivantes (1) :

(1) Voir Armengaud, *Moteurs hydrauliques.*

La roue est divisée, ainsi que la vanne d'introduction, en trois parties égales dans le sens de la largeur. Lorsque le débit de la rivière diminue, on ferme complètement une ou deux des ouvertures libres du vannage, ce qui permet de ne dépenser l'eau que sur les deux tiers ou le tiers de la roue.

Cette disposition a pour effet de faire agir l'eau sur la roue d'une façon à peu près égale pour des volumes à dépenser très-variables, c'est-à-dire de conserver la même épaisseur à la lame d'eau, malgré les variations de débit. Le rapport entre la vitesse du filet moyen et celle de la circonférence de la roue étant conservé, on obtient ainsi un rapport à peu près constant entre l'effet théorique et l'effet utile.

Cette roue établie sur une chute de $2^m,68$, avec dépense maximum de 605 litres, a $5^m,18$ de diamètre, $3^m,95$ de largeur, et prend l'eau en déversoir sous une épaisseur de $0^m,204$.

Voici le résumé d'expériences faites au frein, contrôlées par la Société industrielle de Mulhouse, constatant l'influence de la disposition du vannage sur le rendement de ce moteur.

Dispositions du vannage.	Volume dépensé par seconde.	Force en chevaux au frein.	Rapport de l'effet utile au travail absolu.
Baie du milieu ouverte. . .	200	5.18	0.71
2 baies ouvertes.	198	4.81	0.66
Vanne entièrement ouverte.	193	3.57	0.53

D'après ce tableau, on voit que pour une dépense d'eau d'environ 200 litres, le rapport du travail utilisé au travail absolu de la chute a pu être élevé de 0,53 a 0,71, par l'obturation de deux des baies du vannage et que l'on a pu gagner ainsi 1 ch. 61 sur 3 ch. 57, soit 45 °/₀.

Ce résultat nous avait frappé depuis longtemps, et c'est parce que nous avons nous-même construit une roue dans des conditions à peu près semblables et que le même effet s'est à peu près produit, que nous nous sommes un peu étendu sur ce genre de roues. Nous croyons ce moteur appelé à rendre des services sur nos petits cours d'eau, sujets à tant de variations.

Roue Delnest. — M. Delnest, de Mons, avait, dans la section belge, un petit modèle de roue à aubes dites hélicoidales dont nous n'avons rien à dire, n'ayant aucun renseignement sur son fonctionnement.

Roue Sagebien.— M. Sagebien avait exposé les plans de ses divers systèmes de roues à aubes immergentes et à niveau maintenu. Tous les savants qui ont étudié les roues hydrauliques ont reconnu que les chocs de l'eau à l'entrée absorbent toujours une grande partie de la force motrice. La pratique est en cela d'accord avec la théorie. M. Sagebien, s'appuyant sur ces considérations, construit des roues très-lentes et ayant une très-grande hauteur d'aubage. Elles entrent sans aucun choc dans l'eau, à la façon d'un tube ouvert des deux bouts qui plongerait lentement dans le liquide ; elles sont aux tiers immergées dans le canal d'aval qu'elles abandonnent sans produire aucun remou.

Cette roue semble réunir toutes les conditions d'un moteur excellent. Elle a de plus l'avantage de pouvoir dépenser 1,000 à 1,200 litres par seconde et par mètre de largeur. Malheureusement le jeu existant entre l'aubage et le coursier exerce une grande influence sur le rendement. De plus, si l'on a besoin dans l'usine d'arbres animés d'une vitesse un peu considérable, il faut une grande complication d'engrenages; de là augmentation dans les frais d'installation, perte de force par les frottements, usure. La roue, étant animée de très-peu de vitesse et étant par cela même d'un diamètre considérable, doit être très-solidement établie ; elle nécessite de fréquentes visites pour resserrer les assemblages. Elle ne convient pas aux petits cours d'eau à niveaux et volumes variables, mais elle peut rendre des services pour l'utilisation des petites chutes sur nos grandes rivières. M. Sagebien prétend que son moteur rend de 80 à 93 %.

Ce résultat nous semble très-contestable.

Roues de Marly. — Les roues mixtes étaient représentées à l'Exposition par un modèle à 1/10 de l'une des roues de la nouvelle machine hydraulique de Marly.

Tout le monde a entendu parler des anciennes machines de Marly construites sous Louis XIV sur l'un des bras de la Seine, sur une chute de 3^m.

Sur cette chute, Rennequin, habile charpentier liégeois, construisit sur les projets de l'ingénieur M. le baron Ville, quatorze roues à palettes faisant fonctionner des séries de pompes verticales qui, prenant l'eau dans le fleuve, la refoulaient dans un premier bassin placé sur le versant nord de la montagne avoisinante.

De ce bassin l'eau, reprise par 60 autres pompes, était refoulée dans un second réservoir d'où un jeu de pompes analogues la relevait définitivement à l'aqueduc qui domine la montagne.

Toutes ces pompes, au nombre de plus de 200, étaient mises en mouvement par une forêt de tringles en fer qui suivaient la rampe et se reliaient par des manivelles aux axes des roues hydrauliques.

Les pertes de force étaient telles qu'avec la force disponible que l'on peut estimer à 1,000 ou 1,200 chevaux, on montait à peine à l'origine 250 pouces d'eau, soit 55 litres par seconde, ce qui représentait à peine 118 chevaux utilisés en eau élevée ou 10 % de la force brute. Bientôt même on ne monta plus que 33 litres par seconde, représentant 77 chevaux 7 %. Plus tard, le débit diminua encore notablement.

En 1803, Napoléon Ier trouva la machine de Marly dans le plus triste état, et un entrepreneur habile, M. Brunet, fit des essais sur une des roues avec laquelle il actionna quatre pompes qui, du premier jet, montèrent aux réservoirs une quantité d'eau double de celle qui était fournie par l'ancien mode. Plus tard, on remplaça les moteurs hydrauliques par des machines à vapeur.

L'établissement d'un moteur à vapeur à côté d'une force hydraulique était une anomalie qu'on ne comprenait guères. La chute créée par Louis XIV ayant été conservée, une commission de savants et d'ingénieurs nommée par la liste civile chargea, en 1854, M. Dufrayer de rechercher le meilleur moyen d'utiliser cette chute.

Les quatorze roues de Rennequin, réduites à deux dans les cinquante dernières années, ont été remplacées par six roues de 12m de diamètre sur 4m,50 de largeur, faisant trois tours à la minute. La chute varie de 2m50 à 3m. Chaque roue porte soixante-quatre aubes dont trente-deux ont

3^{m} et le reste 2^{m},40 de hauteur et dépense 2,600 litres environ par seconde.

L'arbre en fer de chaque moteur porte à chaque extrémité une manivelle. Chaque manivelle communique par des bielles le mouvement à deux pompes horizontales. Le diamètre des pistons de ces pompes est de 0^{m}380 et la course de 1^{m}60.

Dans une expérience faite sur trois de ces roues, le volume absorbé par chacune était de 2,602 litres qui, avec une chute de 3,15, représentait 109 chevaux de 75 k^{m}, soit pour les trois roues 327 chevaux.

Le volume d'eau élevé à 160^{m} de hauteur était de 80^{lit},24 par seconde.

En tenant compte du frottement de l'eau dans les tuyaux, on peut estimer à 188 chevaux le travail utilisé. Ces roues rendaient donc 57 à 58 °/₀, sans tenir compte de la force absorbée par les frottements des organes et surtout des presse-étoupes des pistons des pompes.

Lorsque les six roues seront établies, le volume d'eau élevé en hiver sera de 15 à 16,000 mètres cubes par 24 heures.

Roues en dessous. — Dans les roues en dessous l'eau arrive sur le récepteur avec une vitesse due à une charge génératrice à peu près égale à la hauteur de la chute. Les aubes de ces roues doivent être courbes et enveloppées dans un coursier pour donner un rendement de 0,50 à 0,65 ;

elles ont pris le nom de roues à la Poncelet, du nom du savant qui les a le premier étudiées et a tracé les règles de leur construction. Elles sont difficiles à bien exécuter et tendent à disparaître.

Roues flottantes. — Enfin, signalons la roue flottante de M. Colladon, ingénieur à Genève. C'est une roue à palettes planes destinée à utiliser la force des cours à niveau très-variable et à chute faible. Cette roue est formée d'un tambour mince assez étanche pour ne contenir que de l'air, et garni à l'extérieur d'un certain nombre de palettes planes en tôle.

L'ensemble du tambour et des aubes est flottant.

Ce genre de roues pourrait être appliqué à l'utilisation des chutes produites par les marées à l'embouchure de nos rivières.

Turbines. — Les turbines utilisent la force vive de l'eau. Elles peuvent être montées à axe vertical ou à axe horizontal.

Il y a deux genres de turbines verticales :

1° Celles dans lesquelles l'eau agit horizontalement sur les aubes de la couronne mobile en s'éloignant de l'axe : ce sont les turbines du système Fourneyron.

2° Celles dites d'Euler, dans lesquelles l'eau entre par la face supérieure de la couronne mobile et sort par la face inférieure en restant sensiblement à la même distance de l'axe.

Turbines Fourneyron. — M. Fourneyron avait exposé au Champ-de-Mars une turbine de son système, présentant les dispositions ordinaires de ses appareils. Le pivot était maintenu à la partie inférieure et par conséquent dans l'eau du bief d'aval, disposition condamnée depuis longtemps en ce qu'elle rend le graissage à peu près impossible, et que les réparations du pivot exigent le démontage complet de la machine.

Quand la chute est élevée, on ne peut placer la turbine dans une chambre en maçonnerie ou en bois qui deviendrait trop coûteuse. Elle est, dans ce cas, montée dans une bâche fermée, en fonte ou en tôle, alimentée par un tuyau qui vient du bief supérieur.

M. L. D. Girard, si connu comme hydraulicien, a alimenté des turbines Fourneyron, montées sur chutes très-basses, au moyen d'un siphon relevant l'eau au-dessus du niveau d'amont, ce qui a permis de réduire la hauteur des constructions dans le bief d'aval.

Turbines Euler. — MM. Brault et Bethouard, de Chartres, avaient exposé une turbine dans laquelle l'eau n'était donnée que sur deux quarts opposés de la circonférence.

Ces turbines rendent environ 65 à 70 % du

travail absolu, et doivent être rangées parmi les bons moteurs.

La disposition de leur pivot, que nous retrouvons dans les turbines Girard et Callon, est due à M. Arson, ingénieur des arts et manufactures.

MM. Larger, de Felleringen, Laurent aîné, de Dijon, Cheneval, de Pontoise, Protte, de Vendeuvre, avaient exposé des turbines dont nous ne pouvons rien dire, n'ayant pu nous procurer aucun renseignement sur leur effet utile.

Turbines Girard et Callon. — Nous ne croyons pas que MM. Girard et Callon aient exposé des turbines de leurs systèmes ; nous le regrettons. Les turbines de ces ingénieurs sont certainement les meilleures que nous connaissions et nous en recommandons l'emploi. Elles sont à axe vertical ou à axe horizontal. Les turbines à axe vertical sont à grande ou à petite vitesse.

Elles sont dites à grande vitesse lorsque la vitesse circonférentielle de la roue mobile est à peu près égale à la vitesse due à la hauteur de la chute même ; elles rendent 0,65 environ.

Si la vitesse de la roue est moitié environ de celle de l'eau, elles sont dites à petite vitesse ; le rendement s'élève alors à 0,70.

Ces turbines se prêtent aux variations des cours d'eau. Leur vannage est disposé de façon à réduire leur débit à 1/5 de la dépense maximum, sans grande différence de rendement ; de plus, on peut facilement agir sur la vanne au moyen d'un régulateur, avantage que n'offrent point plusieurs des turbines dont nous avons déjà parlé.

Les turbines Girard et Callon sont du système dit à libre déviation, c'est-à-dire que l'eau s'écoule dans les canaux de la couronne mobile, comme dans un canal découvert à l'air libre. Cette disposition permet d'introduire l'eau sans choc sur une partie seulement de la couronne mobile.

Turbines Kœchlin. — Nous regrettons aussi de n'avoir point rencontré la turbine Kœchlin dans nos visites au Champ-de-Mars. Ce genre de moteur rend les plus grands services pour l'utilisation des chutes sur les cours d'eau à volume à peu près constant.

Placées au milieu de la chute dans un tuyau en fonte, elles peuvent toujours être mises à sec avec la plus grande facilité. Leur pivot, mis à l'abri du contact de l'eau, constamment baigné dans l'huile, ne donne lieu qu'à une dépense insignifiante d'entretien ; leur rendement est bon et varie, d'après les constructeurs, de 0,70 à 0,72. Rien ne laisse à désirer dans leur construction. Nous connaissons des turbines Kœchlin montées depuis vingt ans, et qui n'ont pas, jusqu'à ce jour, demandé 50 fr. de réparation.

Nous devons mentionner, à cause du rendement exceptionnel annoncé par le constructeur, la turbine Schiele, construite par The North-Moor-Foundry (Oldham), Angleterre. Cette turbine reçoit l'eau latéralement au moyen d'un tuyau mis en communication avec le bief d'amont.

Contrairement à la disposition adoptée par M. Fourneyron, le distributeur est à l'extérieur de la roue mobile. Celle-ci reçoit l'eau par le milieu de sa circonférence extérieure. Un noyau assez gros limite la longueur des aubes et l'eau sort par les joues supérieure et inférieure de la roue.

En dehors de l'effet utile que le constructeur garantit être de 89 °/₀, cette turbine, si nous en croyons l'inventeur, jouit des avantages suivants :

Elle fonctionne aussi bien noyée que ne l'étant pas ; elle rend toujours le même effet utile avec des volumes différents, pourvu que la chute reste la même.

Les courbes des cloisons et des aubes sont tracées de façon qu'il n'y a aucun choc, aucun étranglement. L'eau entre dans la turbine et en sort presque sans bruit. Les prix de ces appareils ne nous semblent point élevés.

La même maison construit des turbines à axe horizontal, des turbinelles destinées à être mues par les eaux des villes, des turbines pour rivières à marées ou pour marées seules.

Roues turbines. — Ces turbines étaient représentées par un petit modèle de M. de Canson.

Elles sont recommandables par leur bon marché, et assez répandues dans le Midi ; mais leur rendement n'est pas supérieur à 50 %.

Nous avons regretté l'absence des roues turbines à axe horizontal de M. Girard. Elles peuvent convenir aux hautes chutes à petit volume d'eau et aux petites chutes des grandes rivières. D'après l'inventeur, elles rendent de 0,75 à 0,80. Comme exemple de ces moteurs, nous citerons :

Les roues turbines de 5m,20 de diamètre, établies par MM. Callon et Girard pour le service de la ville du Mans. Elles donnent 25 chevaux effectifs ; chute 1m ; dix à douze tours par minute ;

Les quatre roues turbines de 11m,60 établies par M. Girard à St-Maur, sur la Marne, pour l'alimentation des grands réservoirs du parc de Vincennes. Chaque roue donne 120 chevaux de force sous une chute variant de 5m à 2m,50.

Roues hélices. — Nous devons citer aussi la roue hélice de M. Girard. Deux de ces moteurs fonctionnent depuis longtemps à l'usine de Noisiel. Elles sont destinées aux petites chutes de 0m,50 à 0m,60 de nos grands cours d'eau.

CLASSE LIII. — *Transmissions de mouvement.* — Depuis le jour où la force du vent, de l'eau ou des animaux a servi à mettre en mouvement la machine la plus simple qui ait été conçue, il a fallu un agent intermédiaire pour transmettre la force ou le mouvement ; il a fallu ce que l'on appelle une transmission de mouvement.

Jusqu'à ces derniers temps, on ne pouvait porter qu'à des distances bien restreintes la force motrice ou le travail ; c'est-à-dire que le moteur ne pouvait jamais être très-éloigné de l'usine ou de la machine qui réclamait son assistance.

Le moulin, l'usine, lorsqu'ils n'employaient pas la machine à vapeur comme moteur, allaient se placer près des cours d'eau, dans des vallées souvent très-étroites qui gênaient leur développement.

Pour transmettre la force du moteur, on ne se servait que de l'arbre de transmission appelé arbre de couche. Lorsqu'il s'agissait de transmettre la force à une distance un peu considérable, son emploi devenait impossible ; il fallait lui donner des dimensions trop fortes ; il absorbait en chemin la force qui lui était confiée.

La courroie en cuir ou en caoutchouc sert à répartir la force transmise par l'arbre de couche aux diverses machines-outils de l'atelier ; mais l'emploi de cet organe est limité aussi à des distances restreintes et à des forces peu considérables, à moins d'avoir une grande vitesse.

Cette vitesse elle-même est assez limitée, parce que le cuir s'échauffe par le frottement sur les poulies, ce qui le met promptement hors de service.

Aujourd'hui on est parvenu à faire franchir à

des forces motrices importantes des espaces considérables, des kilomètres même, et cela sans trop grande perte.

On est arrivé à ce résultat par différents moyens dont plusieurs figuraient à l'Exposition.

Dans le monte-charge Edoux, qui a fonctionné dans la grande galerie des machines pendant toute l'Exposition, un robinet était placé sur une conduite et livrait de l'eau sous pression dans un corps de pompe de 15 à 20 mètres enfoncé dans le sol. Un piston en fonte de la même longueur était engagé dans le corps de pompe ; il supportait une plate-forme équilibrée par des contre-poids et guidée par quatre galets sur des colonnes en fonte, qui s'élevait ou s'abaissait suivant que l'on ouvrait le robinet de communication avec la conduite d'eau, ou que l'on fermait celui-ci en ouvrant un robinet de vidange.

M. Girard, dans une distribution d'eau dans une ville, a pu, au moyen de petites turbines placées sur le parcours de la conduite, distribuer des forces de 1 à 2 chevaux à domicile (1).

Tout le monde connaît l'application faite au tunnel du Mont-Cenis, de l'air comprimé à la

(1) A Lyon, de petites turbines mues par des prises d'eau faites sur la conduite de la ville, donnent le mouvement à des ateliers de dévidage de soie.

A Boston, les presses qui servent à l'impression d'un des journaux sont mises en mouvement au moyen de la force motrice tirée de la conduite d'eau de la rue.

manœuvre des forets qui percent les trous des mines. Une chute utilisée par une roue hydraulique lance de l'air comprimé dans une conduite qui prend du développement au fur et à mesure de l'avancement des travaux, et qui atteindra une longueur de 6 à 8 kilomètres. Un appareil reçoit l'air comprimé à l'extrémité de la conduite et donne le mouvement aux fleurets. Après avoir servi d'agent de transmission de mouvement, l'air sortant de la machine se répand dans la galerie, dont il opère l'aérage.

M. Callès avait, dans la section belge, exposé un appareil dit *Hydro-aéro-dynamique*, au moyen duquel il prétend transmettre à grande distance, et presque sans déperdition, des forces considérables : avec son appareil il peut, dit-il, transmettre telle force que l'on voudra à n'importe quelle distance, quelles que soient les positions topographiques des lieux où la force est produite et où elle est utilisée.

Il peut recueillir en route de petites forces, et, après les avoir totalisées, les distribuer soit en chemin par fractions, soit à l'extrémité de son appareil à un seul récepteur. Dans le centre des villes, son appareil pourrait être appliqué à distribuer la force à domicile, comme la conduite de gaz distribue la lumière.

L'appareil exposé se composait d'une machine soufflante, dont le piston avait $0^{m},600$ de diamètre, $0^{m},700$ de course, donnait 40 coups doubles par minute, et absorbait, d'après l'inventeur, 9 chevaux 1/2. Cette machine lançait par seconde 210 litres d'air sous pression dans une conduite de 0m,095 de diamètre et de 153m de long. L'air avait dans cette conduite la vitesse de 32m par seconde. Une roue de 3m de diamètre portant les aubes d'une roue en-dessus était placée dans l'annexe belge dans une cuve pleine d'eau. L'air, refoulé par la machine, était amené par la conduite sous la roue ; il chassait l'eau des augets et imprimait, par la différence des densités de l'air et de l'eau, un mouvement circulaire continu à la roue. Celle-ci, au moyen d'engrenages, transmettait comme d'usage la force qu'elle recevait à un arbre de couche.

D'après M. Callès, cette force était de 9 chevaux ; il n'y avait que 1/2 cheval de perte. A un kilomètre, la perte due à la transmission ne serait que de 10 %.

Quoique ce résultat nous semble contestable, nous n'en signalons pas moins cet appareil qui a déjà reçu quelques applications.

Câbles télo-dynamiques de M. Hirn. — Le progrès le plus considérable dans le transport de force à grande distance est certainement dû à M. F. Hirn, inventeur des transmissions dites télo-dynamiques (V. planche 12).

Voici quelles sont les dispositions générales de ce système : dans le bâtiment qui renferme le moteur, soit hydraulique, soit à vapeur, on établit un arbre mis en mouvement par ce moteur et marchant à une vitesse de 100 à 200 tours par minute. Cet arbre porte une grande poulie de 1^m à 2^m de diamètre, sur laquelle passe un câble sans fin en fil de fer qui va porter le mouvement à une autre poulie montée sur un second arbre établi dans l'usine où l'on veut transmettre la force.

De distance en distance (100^m environ), le câble est supporté par des galets ou poulies-supports de 2^m de diamètre, calés sur des arbres reposant sur des piliers en maçonnerie.

La vitesse circonférentielle des poulies varie de 20 à 30^m par seconde; on est allé jusqu'à 40^m, mais à cette vitesse, on s'expose à faire éclater les poulies par la force centrifuge.

Le travail mécanique étant le produit de la force par la vitesse du point d'application de cette force, le câble est d'autant plus léger que sa vitesse par seconde est plus considérable. C'est en convertissant d'abord la puissance en vitesse, puis ensuite la vitesse en puissance, que, théoriquement parlant, à l'aide d'un corps très-léger, d'un cheveu, s'il est permis d'exagérer pour mieux faire comprendre, mais d'un cheveu animé d'une très-grande vitesse, la transmission télodynamique fait franchir l'espace à une puissante force motrice sans perte trop sensible.

Le câble Hirn établi au Champ-de-Mars avait

8 millimètres de diamètre ; il transmettait à 150m de distance une force de 25 chevaux, et faisait mouvoir une pompe rotative de MM. Neut et Dumont, qui aspirait dans la Seine et montait à 6m de hauteur 900 mètres cubes à l'heure.

Les poulies avaient 2m de diamètre et faisaient 200 tours à la minute. A cette vitesse, le câble eût pu transmettre 40 chevaux ; il était supporté à 75m par deux poulies-supports.

Les câbles sont composés d'une âme en chanvre autour de laquelle sont enroulés des torons en fil de fer de première qualité. Les poulies sont en fonte et portent une gorge dans laquelle on enfonce à coups de maillet une bande en gutta-percha.

On calcule que pour transmettre la force de 40 chevaux à 200m il faut dépenser environ 2,000 fr., à condition d'avoir 150 à 200 tours par minute à la poulie motrice. Dans ce prix sont comprises les poulies de commande et de réception sans leurs arbres, les poulies-supports avec leur pilier ; en tout 4 poulies.

Si une transmission par arbre de couche était possible pour une telle longueur, elle coûterait plus de 20,000 fr.

On peut avec les câbles accoupler les moteurs de plusieurs usines, de façon à reporter indistinctement la force motrice dans celui des établissements qui en a momentanément besoin (1).

(1) Une turbine installée dans une gorge étroite transmettra à un

M. Hirn ne reculerait pas à transmettre de la force à plusieurs kilomètres de distance. Son système peut mettre à profit, pour transmettre le mouvement à un arbre non parallèle à l'arbre moteur, toutes les combinaisons possibles de poulies verticales, inclinées et horizontales, quoiqu'il vaille toujours mieux, lorsque cela est possible, monter les deux poulies motrice et réceptrice dans le même plan vertical sur des arbres bien parallèles entre eux. Ses câbles peuvent monter et descendre des pentes de 60 degrés. La plus courte distance que l'on puisse admettre entre les deux poulies est de 40 à 50^{m}.

Suivant des expériences faites par la Société industrielle de Mulhouse, on peut évaluer à 5 % les pertes de travail d'une transmission fonctionnant à une distance permettant de se passer de colonnes-supports ; il y a à ajouter une perte qui varie avec le nombre de tours des poulies, leur diamètre, celui de leur arbre, etc.

Il y a donc intérêt, dans les transmissions à longue portée, à réduire le nombre des poulies intermédiaires, à faire celles-ci très-légères et à donner aux tourillons le diamètre strictement nécessaire.

Dans leur rapport du 27 mai 1861 à la Société industrielle de Mulhouse, MM. Leloutre et

bâtiment situé sur un terrain convenable et à n'importe quelle distance la force qu'elle aura utilisée avec une très-légère perte.

E. Zuber calculent que pour transmettre 42 chevaux à 2,000^{m} de distance avec un câble de 12 millimètres, il faut compter sur 2 ch. 2 de perte de force pour les poulies extrêmes et sur 4 ch. 8, pour 36 poulies intermédiaires, ou 18 colonnes-supports: en tout 7 chevaux. En sorte que la machine motrice devrait développer 49 chevaux.

M. Hirn a, dans la classe LII, obtenu le grand prix, juste récompense de son importante découverte.

MM. Martin Stein et Cie, de Mulhouse, exposaient des câbles de leur fabrication. 410 transmissions télo-dynamiques fonctionnaient en 1867 tant en France qu'à l'étranger à l'aide de câbles sortis de leurs ateliers. Elles présentaient un développement de 72,000 mètres et transmettaient plus de 4,000 chevaux-vapeur.

Les plus remarquables sont: celles de la chute du Rhin, à Schaffouse, 800 chevaux.

Celle de MM. Haussmann, Jordan, Hirn et Cie, à Colmar, 85 chevaux.

Celle de la filature d'Oberursel, 100 ch. à 985^{m} de distance, et surtout celle de la grande poudrerie de St-Pétersbourg, qui présente 3,000^{m} de développement.

A Falun, en Suède, plus de 100 chevaux de force sont transmis à une distance d'environ 5,000^{m}. La transmission contourne le lac Runn et porte la force motrice d'une chute d'eau aux usines situées à l'autre extrémité du lac.

Le diamètre de ces transmissions varie de 4 à 35 millimètres.

Dans le Calvados, nous citerons :

1° Une transmission établie près d'Isigny, portant à une ferme la force due à une petite chute d'eau distante de 800^{m} ; ce câble actionne la machine à battre, les barattes à beurre, les pompes à purin et les pompes à eau ;

2° Le câble qui réunit les deux usines de M. Juhel-Desmares, à Pont-ès-Retours près Vire ;

3° Le câble établi chez MM. Lepage et Cie, à Vire, servant à transmettre à l'usine principale la force développée par 1 machine de 10 à 14 ch.

Voici les diamètres et prix de quelques-uns des câbles de MM. Stein :

N^{os} des câbles.	DIAMÈTRE.	PRIX par mètre.	DIAMÈTRE des poulies.	FORCE EN CHEVAUX transmise par dix mètres de vitesse
4	5 1/2^{mm}	0.70	1.000	5.»»
11	6 »	0.68	1.400	7.25
17	7 »	0.74	1.500	9.65
24	8 »	0.80	1.800	12.20
26	10 »	0.95	1.800	16.30
32	9 »	0.71	2.000	15.15
35	12 »	0.95	2.000	26.60
40	9 1/2	0.76	2.000	18.25
43	13 »	1.»»	2.000	27.35
48	10 1/2	0.80	9.500	21.70
51	14 »	1.07	2.500	32.55

On a proposé, il y a quelques années, l'eau comme moyen de transmission de force entre deux usines éloignées l'une de l'autre. Des pompes mises en mouvement par l'usine auxiliaire auraient refoulé l'eau par une conduite dans un récepteur ou moteur spécial posé à l'usine principale et utilisant le travail transmis. Un tel système offre trop d'inconvénients pour être applicable à une usine, et au premier rang se placent son prix élevé et les nombreux accidents auxquels il est sujet.

Cependant ce mode de transmission a été employé avec avantage pour donner le mouvement aux forets à diamants-Leschot dans le perforateur de M. de La Roche-Tolay. Il a reçu en outre une éclatante consécration dans les appareils de chargement et de déchargement connus sous le nom de grues-Amstrong, du nom de leur inventeur.

Classe LIV.— *Machines-outils.* — L'Angleterre nous a précédés dans la construction des machines-outils. Les types anglais ont été importés chez nous de 1820 à 1830; mais pendant que nos grands constructeurs, Calla, Cavé, Halette, de Coster, les naturalisaient en France, les mécaniciens anglais, Fairbain, Sharp Robert, Whitworth, etc., perfectionnaient eux-mêmes leurs premiers types.

Les machines-outils anglaises que nous avons

vues dans les dernières expositions sont loin d'être élégantes. Leurs bâtis sont faits d'une seule pièce en fonte creuse d'une exécution parfois difficile, mais donnant aux appareils une stabilité extrême.

On peut leur reprocher leur apparence lourde; mais la stabilité d'une machine-outil n'est jamais trop grande, et si les diverses parties dont elle se compose ne sont pas suffisamment solidaires, il se produit nécessairement pendant le travail des vibrations qui font *brouter* l'outil.

Si, au contraire, la machine est bien assise, les outils enlèvent de forts copeaux de métal sans le moindre effort apparent, en travaillant mieux et plus vite.

Nous devons dire que la fonte et le fer étant meilleur marché en Angleterre que sur le continent, les constructeurs anglais se préoccupent bien moins que les nôtres du poids des pièces.

Néanmoins la construction des machines-outils s'est considérablement améliorée en France. Nos mécaniciens rivalisent avec les Anglais et souvent les surpassent, surtout dans la construction du petit outillage. L'emploi des bâtis creux se généralise chez nous.

Pour se rendre compte des progrès immenses accomplis en France, il suffisait de voir fonctionner dans la grande galerie les machines de MM. Bouhey, Dandoy-Maillard et Lucq, Elwell et Poulot, D. Poulot, celles de MMmes de Coster, Minier, etc.

Nous ne parlons pas des grands outils hors ligne exposés par Graffenstaden, Ducommun, le Creusot, Mazeline, Cail, etc., etc.

Outils. — MM. Withworth, en Angleterre, et Zimmermann, en Allemagne, se sont préoccupés des forgeages successifs qui altèrent la qualité de l'acier des outils employés dans les machines au travail des métaux.

Le premier emploie, autant que possible, des burins formés d'une barre d'acier triangulaire trempée dans toute sa longueur et affûtée sur une meule, suivant un angle donné et invariable.

M. Zimmermann emploie pour cet objet des barres d'acier cylindriques que peut-être l'on ne peut pas fixer aussi solidement sur la machine que celles de Withworth.

Marteaux-pilons.—Parmi les marteaux-pilons, signalons ceux de MM. Farcot, de Paris, et de J. Schemerber.

Celui de MM. Shawet (Justice), de Philadelphie, est remarquable par la facilité de sa mise en marche et l'intensité du choc qu'il peut produire sous un petit volume. Ce résultat est obtenu par l'action d'un ressort arqué auquel le marteau est relié par des bandes de cuir. Cet arc d'acier reçoit le mouvement d'un plateau formant manivelle mis en mouvement par une courroie assez lâche. On fait varier la vitesse du marteau et sa puissance en appuyant plus ou moins un tendeur sur la courroie.

Comme preuve de la hardiesse des Anglais et des moyens d'exécution dont ils disposent, disons que MM. Th. Waites et Carbutt, de Bradford, constructeurs de marteaux-pilons, ont réalisé pratiquement l'idée de M. Ramssbotton, en exécutant des marteaux horizontaux qui forcent deux masses de 30,000 kilog. chacune à à s'entre-choquer en enfermant entre elles la pièce à forger.

Un petit modèle de ce marteau figurait à l'Exposition dans le quartier anglais.

Machine à souder les bandages des roues. — Les machines à refouler et à souder les bandages des roues de M. Boïldieu, de Paris, entrent de plus en plus dans la pratique. Les deux bouts du bandage à souder, préalablement chauffés au degré convenable, sont pris entre les griffes de la machine et pressés en bout l'un contre l'autre avec une force considérable obtenue par une manivelle et une succession d'engrenages. Quelques coups de marteau suffisent pour parer ensuite la soudure.

Soufflets.—Les soufflets cylindriques, les forges portatives de M. Enfer sont assez connus; nous nous bornons à les rappeler ici.

On remplace même dans les petites forges les

soufflets ordinaires par le ventilateur Perrigault, dont M. Guérard-Deslauriers a parlé dans son rapport.

Tours. — Sans parler ici du grand tour de MM. Ducommun et Cie, qui avait 1m,05 de hauteur de pointes sur 12m de longueur, de ceux de la Compagnie des forges et chantiers de l'Océan, des tours Whitworth, Sellers, Cail, etc., ce qui nous entraînerait trop loin, nous devons signaler les constructeurs dont les tours devraient figurer chez les mécaniciens de notre département. Ce sont MM. Warall, Elwel et Poulot, Bouhey, de Paris, veuve Minier, de Rouen, etc. Le tour à quatre pointes de MM. Warall et Cie permet de travailler la pièce qui y est montée autour de deux axes exactement perpendiculaires l'un à l'autre.

Nous avons vu, classe XCIV, le tour à tourner carré, qui a valu une médaille d'or à son inventeur, M. Bastié.

Cette machine est, en effet, en tout semblable à un tour à pied de dimension ordinaire. Le mouvement du nez du tour est d'abord un mouvement de descente rectiligne pendant lequel l'outil travaille la matière qui passe devant lui ; puis ce mouvement est tout à coup changé en un mouvement circulaire et ascensionnel rectiligne tout à la fois, de manière à éviter que l'angle de la pièce travaillée ne repose sur l'outil pendant ce mouvement, ce qui aurait pour résultat de briser cet angle.

Lorsque ces deux mouvements qui s'opèrent ensemble sont achevés, le nez reprend son premier mouvement de descente rectiligne et l'outil travaille alors la deuxième face de la pièce. Ces mouvements se répètent autant de fois que cela est nécessaire au complet achèvement de la pièce que l'on veut façonner. Le mécanisme qui produit ce mouvement étant renfermé dans la poupée de l'appareil, il est impossible d'en donner la description. Un support à chariot porte l'outil ou le peigne à profil, suivant que la pièce à tourner ou plutôt à équarrir possède ou non des moulures.

A l'Exposition, un balustre en pierre était placé sur ce tour, et il avait été tourné suivant une forme octogonale. Cet outil est d'une utilité pratique incontestable, non-seulement pour la fabrication des objets de tabletterie, mais encore pour l'industrie du mobilier et le travail des pierres, plâtres et marbres servant à la décoration architecturale.

Machines à raboter. — Les forges et chantiers de l'Océan exposaient une machine verticale. Citons aussi celle de Sellers, et les machines plus petites des fabricants français Bouhey et veuve Minier. Les petites raboteuses ou étaux limeurs de MM. Dandoy-Maillard et Lucq, de Maubeuge, se faisaient remarquer par leur solidité et la précision avec laquelle elles exécutaient les travaux qui leur étaient confiés à l'Exposition.

Machines à percer. — Les machines à percer, radiales ou à bras fixes, deviennent de plus en plus stables : les bâtis sont plus soignés, les poids de la matière mieux répartis, les mouvements plus automatiques. Les foreries de MM. Dandoy-Maillard et Lucq sont très-répandues dans les petits ateliers ; elles méritent leur réputation.

Machines à poinçonner et à cisailler. — Les grandes poinçonneuses de MM. Warall, Elwell et Poulot et celles de Bouhey sont destinées aux très-grands ateliers de construction. Dans une sphère plus modeste, nous mentionnerons la poinçonneuse de MM. Tangye frères, de Birmingham. C'est une application du principe de la presse hydraulique. Un piston mis en mouvement par un levier fait mouvoir lui-même le poinçon. La machine pèse en tout 29 kilog. Elle perce des trous de 18 millimètres de diamètre dans du fer de 12 millimètres d'épaisseur.

Les cisailleuses et poinçonneuses Le Cacheux, de Paris, fonctionnent très-facilement au moyen de leviers et d'engrenages, et peuvent déboucher sans effort des trous de 15 millimètres dans du fer de 7.

Machines à tailler les engrenages. — Ce genre d'outils était largement représenté par des machines toutes plus ingénieuses les unes que les autres. Sellers, de Philadelphie, Zimmermann, de Chemnitz, l'usine de Graffenstaden, en France, se disputaient la supériorité.

Machines à faire les boulons et les écrous. — Nos mécaniciens ne sauraient accorder trop d'attention à ces machines d'un prix relativement peu élevé et d'un grand produit. L'Amérique et la Saxe avaient exposé de ces appareils.

La machine Watkins fabriquait en 12 heures 16,000 boulons de 3/4 à 1 pouce 1/2 de diamètre et de 1 à 16 pouces de long, de n'importe quelle sorte de tête, ou bien 16,000 écrous à un prix de façon n'excédant pas 24 shellings.

Machines à charnières. — MM. Evrard et Boyer avaient exposé une machine à faire des charnières : c'était une des merveilles de mécanique de l'Exposition. Chacun sait que la fabrication des charnières par les procédés ordinaires est assez compliquée : il faut commencer par couper de longueur les deux bandes de tôle ou de cuivre qui formeront les deux volets de la charnière, puis il faut découper dans ces bandes, en sens inverse, les trous carrés qui recevront les nœuds pleins de la partie correspondante. Cela fait, les deux bandes sont ployées exactement par le milieu et on commence à les assembler en faisant pénétrer les nœuds dans les vides.

Les divers nœuds sont alors réunis au moyen d'une broche centrale en fil de fer qu'on coupe de longueur. Ensuite, on emboutit la charnière soit à l'étau, soit par une pression mécanique pour lui donner la forme définitive. Enfin, on perce à la mêche et on fraise les trous qui doivent recevoir les vis.

La machine de M. Evrard fait toutes ces opérations automatiquement. La bande de tôle ou de cuivre lui est livrée d'un côté, le fil de fer de l'autre; la machine fonctionne, et les charnières complètement finies tombent à raison de 100 à 120 par minute, pour les charnières en cuivre ordinaires.

Depuis l'Exposition, ces mécaniciens ont encore perfectionné leur appareil, et nous avons vu fonctionner chez M. Evrard une machine faisant des charnières en fer de 110 à 120 millimètres de hauteur.

Machine à faire les queues d'aronde.—Un des outils les plus curieux que nous ayons vus fonctionner au Champ-de-Mars était certainement la machine américaine d'Amstrong, qui taillait des queues d'aronde pour l'assemblage des bois à tous les angles que l'on désirait.

Cette machine, dont MM. Martin fils et Cie, de Rouen, sont seuls concessionnaires pour la

France, se compose essentiellement de deux scies circulaires qui découpent dans le bois les queues d'aronde, et d'une vis qui fait avancer transversalement la table sur laquelle est fixé le bois. Les scies ne sont pas d'une seule pièce ; elles sont composées de segments. Outre les queues d'aronde ordinaires, la machine produit aussi celles à 45° pour devant de tiroirs, celles de boîtes en forme de pyramide tronquée, etc., etc.

En la voyant fonctionner, il est facile d'admettre l'assertion de l'inventeur, qui prétend que les emballeurs auraient avantage à faire leurs caisses à queues, plutôt que de les clouer, comme ils le font habituellement.

En moins de temps qu'il ne nous en faut pour l'écrire, la machine découpait les tenons et les queues des quatres planches formant les côtés d'une boîte, les livrait prêts à être assemblés, et cela sans aucune retouche.

Métier à filet de pêche. — En 1805, M. Buron eut l'idée de faire des filets de pêche à la mécanique; mais il ne réussit pas dans ses essais. M. Pecqueur reprit cette idée en 1851, et enfin M. Jouannin, de Paris, a pu arriver, en perfectionnant la machine Pecqueur, à produire des filets revenant à 25 % moins cher que les filets faits à la main.

Scie à ruban. — Signalons l'application faite

en Angleterre de la scie à ruban au découpage du fer. C'est au moyen d'une scie de ce genre que l'on a pu découper une double spirale dans un bloc de fer de 0^m,20 d'épaisseur, qui figurait à l'Exposition. D'après la note anglaise qui accompagnait ce curieux ouvrage, le fer de 25 millimètres d'épaisseur peut être débité par ce moyen suivant une courbe quelconque à raison de 40 millim., à la minute.

Diamant noir.—L'un de nous, en parlant de la classe XLVII, a rendu compte de l'application du diamant noir à la taille et au percement des roches. M. Hermann, mécanicien à Paris, s'est le premier servi de diamant noir pour tourner et dresser les pierres les plus dures, porphyres, granits, etc., etc., avec lesquelles il fait les rouleaux des machines à chocolat.

CLASSE XXXIV.—*Bonneterie.*— La ville de Falaise, après Troyes, est le centre où il se fabrique le plus de bonneterie de coton.

90 à 100 fabricants sont agglomérés dans Guibray, l'un des faubourgs de la ville, et mettent en œuvre chaque semaine environ 60,000 kilog. de cotons divers qui sont versés à la consommation sous toutes les formes que comporte l'article usuel et à bon marché, désigné sous le nom de *bonneterie*. On évalue à plus de 15,000,000 de francs le chiffre de la production.

Les cotons filés nécessaires à l'alimentation de la fabrique sont fournis par les filatures de l'arrondissement et par celles des vallées du Noireau, de l'Orne, de la Baize, de l'Eure, etc.

L'écoulement des produits se fait principalement à Paris, Lyon, Marseille, Bordeaux, et généralement par toute la France. L'Algérie enlève aussi une certaine quantité d'articles spéciaux.

L'exportation directe se pratique sur une très-faible échelle ; mais, par l'intermédiaire des maisons de Paris et des ports de mer, une certaine quantité de ces marchandises passe à l'étranger. L'avenir amènera probablement une augmentation d'écoulement de ce côté.

Nous avons déjà dit que la fabrication de la bonneterie falaisienne était spéciale pour les genres bas prix. Elle eût été, selon nous, mieux à sa place dans la classe XCI qu'au milieu des articles de luxe.

Néanmoins, 4 médailles et 2 mentions sont venues récompenser nos exposants et prouver que leurs produits avaient été justement appréciés.

Les principaux genres fabriqués à Falaise sont :

1° Le tricot, qui embrasse les caleçons, camisoles, gilets, jupons, maillots, etc. ;

2° Le bas et la chaussette ;

3° Le bonnet et la calotte militaire ;

Ces trois branches de l'industrie locale étaient représentées par six exposants : MM. Gautier fils aîné, Bardy-Fossard, Malfilâtre-Leboucher, Chauvin (Gustave), Longuet, et Mme veuve Courseulle-Colin.

M. Gautier fils aîné, seul admis primitivement, a gracieusement cédé la place qui lui était réservée, de façon à faire une exposition collective.

En examinant cette exhibition, il a été facile de se rendre compte qu'il y a eu de grands progrès réalisés : beauté relative des tissus et couture perfectionnée.

On s'apercevait que la machine, avec sa régularité mathématique, a remplacé la main de l'homme dans presque toutes les phases de cette fabrication remplie de détails. En effet, des métiers à bonneterie de systèmes nouveaux, des remmailleuses ont été introduits, et une énorme quantité de machines à coudre est venue suppléer la main de l'homme.

La production du *tricot*, de beaucoup la plus importante, prend chaque année un accroissement incontestable ; cela tient à la beauté de la maille obtenue circulairement par le système à platines, inventé par M. Lebaillif, filateur à Falaise vers 1836. Depuis cette époque, ce système à conservé une supériorité marquée sur tout ce qui est connu, et ce au point de vue de la régularité de la maille. Il a l'avantage en outre de se prêter facilement à la mise en marche par moteur mécanique.

La production du *bas de coton* n'a pas sensiblement augmenté, mais plusieurs fabricants, MM. Gautier fils aîné, et Malfilâtre-Leboucher entre autres, ont monté l'article chaussette, bords à côte et les fantaisies en tous genres ; ils donneront ainsi une nouvelle importance à l'article. La supériorité de nos teintures y contribuera beaucoup.

Quant aux *bonnets*, depuis bien des années la production est la même ; elle irait plutôt en déclinant, les modes nouvelles remplaçant chaque jour cette coiffure nocturne.

Pour le salaire des ouvriers, il y a un notable progrès ; une augmentation de 30 à 40 °/₀ est venue modifier les conditions de la vie ouvrière ; ce qui est énorme, quand on songe que la main-d'œuvre, qui entre pour 60 ou 80 °/₀ dans la bonneterie de luxe, ne vient grever chez nous le prix de revient de nos articles que de 20 °/₀ à peine.

Les résultats présents sont donc constants et faciles à résumer :

1° Introduction de machines nouvelles perfectionnées et mises en marche par moteur ;

2° Amélioration et perfection dans la beauté des tissus et la confection générale ;

3° Produits nouveaux introduits chaque année dans la fabrication ordinaire ;

4° Salaire des ouvriers augmenté dans une large proportion, et conditions de travail facilitées.

Avec de tels éléments, l'avenir ne doit offrir aucune crainte et la fabrication falaisienne devra facilement conserver le premier rang parmi les villes industrielles s'occupant de la bonneterie commune.

A côté de Falaise, nous citerons la fabrique de Lisieux et de Pont-l'Évêque qui, quoique bien moins importante, produit des tricots de laine très-appréciés.

M. Roux jeune, de Lisieux, avait exposé dans la classe XXXIV de la flanelle tricot qui lui a valu une médaille de bronze.

CLASSE LXV. — *Four Hoffmann pour les briqueteries.*—Nous croyons devoir signaler à l'attention de nos fabricants de briques le four annulaire F. Hoffmann, de Berlin, qui a valu un grand prix à son inventeur.

Ce four perfectionné, circulaire et continu, est surtout remarquable par la régularité de la cuisson méthodique de ses produits, la bonne distribution de la chaleur, et par conséquent l'économie du combustible.

Nous regrettons de ne pouvoir donner les dessins de ce four breveté; mais nos fabricants pourront se rendre compte des avantages sérieux qu'il présente, un spécimen de ce four fonctionnant près de la gare de Flers, chez M. Pernelle.

En terminant cette revue, trop rapide pour être complète, des classes qui étaient confiées à notre examen, qu'il nous soit permis de remercier ici les personnes qui ont bien voulu faciliter notre travail par leurs notes et leurs conseils :

MM. David Beaujour, notre honorable président; Lespermont, directeur de l'usine de Thar; Turquetil, fabricant de papiers peints, à Paris; Hauville, directeur de la filature de coton de la Martinique; Fournet, de Lisieux; Roland Juhel, fabricant de draps, à Vire; Émile Gautier, de Falaise.

ERRATA.

Page 6, ligne 27, au lieu de *trapes*, lisez *trappes*.
— 18, — 3, — *leur machine*, lisez *leurs machines*.
— 57, — 29, — *lexivation*, lisez *lixiviation*.
— 66, — 1, — *envergure*, lisez *envergeure*.
— 86, — 1, — *l'axe des cercles décrits*, lisez *l'arc de cercle décrit*.
— 97, ligne 21, et 98, ligne 8, au lieu de *Neuet*, lisez *Neut*.
— 97, dernier alinéa : *supprimez la première phrase*.
— 98, ligne 2, au lieu de $0^m,20$, lisez $0^m,30$.
— 102, — 28, — *machines hydrauliques*, lisez *moteurs hydrauliques*.
— 105, — 1, 8, 24, au lieu de *Werserling*, lisez *Wesserling*.

Caen, typ. F. Le Blanc-Hardel.

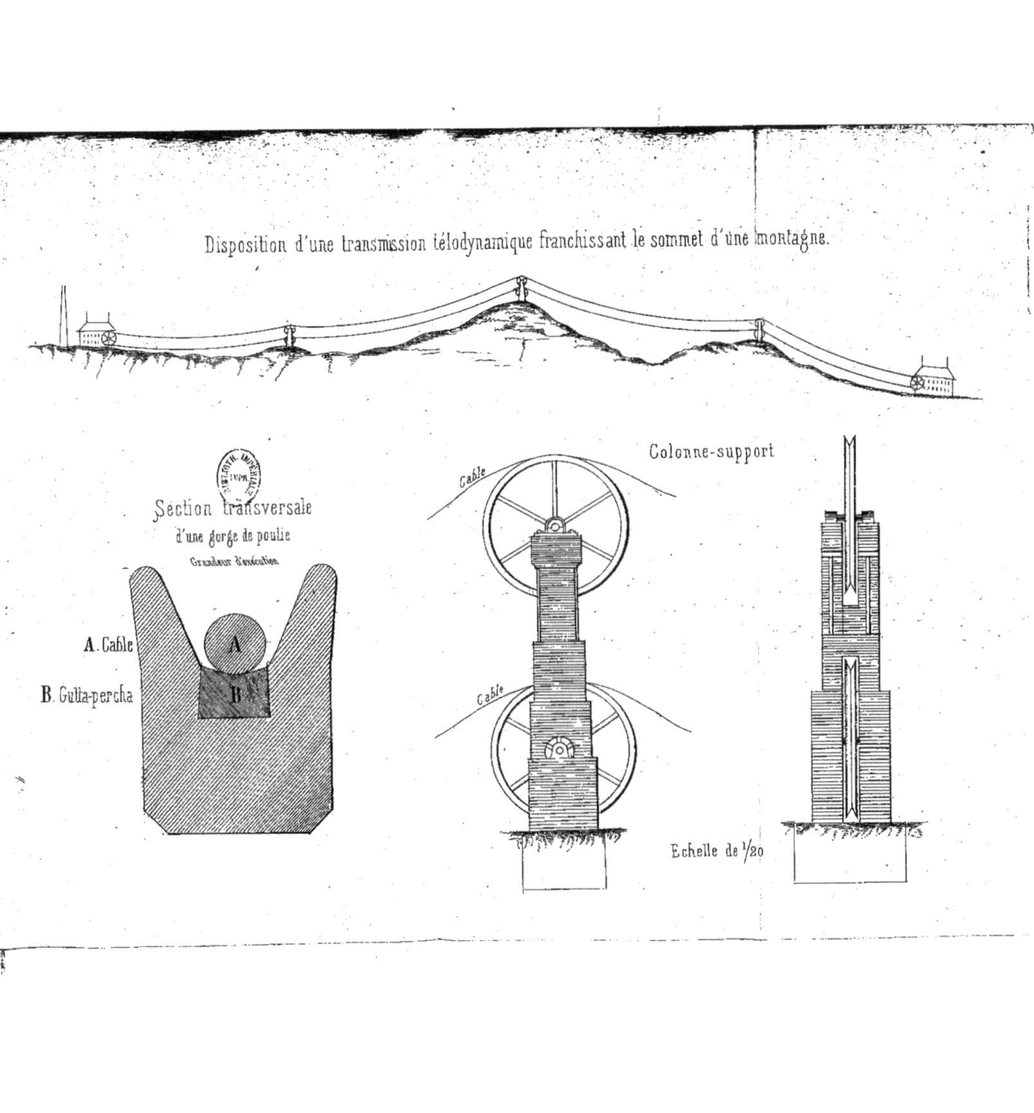
Disposition d'une transmission télodynamique franchissant le sommet d'une montagne.
Section transversale
d'une gorge de poulie
Grandeur d'exécution
A. Cable
B. Gutta-percha
A
B
Cable
Cable
Colonne-support
Echelle de 1/20

www.ingramcontent.com/pod-product-compliance
Ingram Content Group UK Ltd.
Pitfield, Milton Keynes, MK11 3LW, UK
UKHW021006230726
13924UKWH00009B/1747

9 782019 970666